참된 행복을 찾는 이들과 마음으로 나누는 이야기들

비우면

향기롭다

이 재 기   지음

새샘 전도협회

비우면 향기롭다

지 은 이 | 이재기

1쇄 발행 | 2014년 5월 15일

펴 낸 이 | 강효민

펴 낸 곳 | 새삶전도협회

주   소 | 서울시 광진구 능동로 314

전   화 | 02-458-0691

팩   스 | 02-453-9020

홈페이지 | www.nleva.org

출판등록 | 제 25100-2007-26호

■ I S B N | 978-89-6961-005-8 03230

■ 정   가 | 8,000원

추천사

이재기 목사님은 인생의 화가이다. 그가 보았던 인생의 프리즘은 평범한 것 같은데 풀어가는 작법이 아주 특별하다. 그는 인생의 화폭에 경험, 단상, 계율, 예측 등을 통해, 신앙을 가진 사람이든 무언가 길을 찾고 있는 사람이든 상관없이, 독자가 갈망하던 소재를 빼어난 글 솜씨로 그려내고 있다. 그의 글은 감칠맛이 난다. 멋있는 구상을 맛난 글 솜씨로 풀어가는 것이 그만이 할 수 있는 필살기이다. 이런 만개한 글에서 우리는 삶의 지혜와 향기를 찾는다. 고도 공감의 짜릿한 경험을 원하는 자들은 이 책의 글 속으로 빠져 들어가라.

맹명관 | 포스코 전략대학 교수, 코스타 강사, 작가

좋은 글의 특징이 많겠지만 그 가운데 빼놓을 수 없는 두 가지가 있는데 그것은 바로 재미와 의미이다. 감사하게도 이번 이재기 목사님이 펴낸 수필집에는 이 두 가지가 다 들어 있다. 저자는 누구나 경험하는 일상의 이야기들을 통해 너무나 쉽게 인생의 의미, 성장, 행복, 생과 사, 신의 존재, 구원 등과 관련된 심오한 영적 진리들을 풀어낸다. 단한 가지 단점이 있다면 원래 수필집은 한 번에 한두 개씩 읽어야 하는 법인데 한 번 잡으면 여간해서 손을 놓을 수 없다는 것이다. 인생을 의미 있게 살고자 하는 자는 꼭 한 번 읽어 볼 것을 권한다.

박정근 | 영안교회 담임목사, 미국 리버티 신학대학원 겸임교수

친절하고 따뜻하며 지혜가 많아 세상을 살아가며 음미해야 할 다양한 맛을 조근조근 일러주는 친구가 있다면 얼마나 좋을까요. 이런 친구라면, 그가 나를 보는 따뜻한 눈빛을 통해 종종 내가 누구이고 나를 어떻게 사랑해야 하는지 알 수 있게 될 것입니다. 책 안에서 저는 인생의 많은 질문들에 대해 사랑을 듬뿍 담아 진실된 마음으로 답하는 친구를 발견했습니다. 이재기 목사님이 바로 그런 분이신 것처럼 말이죠. 특히 전 세계 컴패션의 많은 어린이들을 양육하며 좋은 친구가 되어주고 계신 사랑빚는교회 목사님과 성도님, 늘 진심으로 감사드립니다. 이재기 목사님의 진실된 마음이 담긴 이 책을 기쁨으로 추천해 드리며 많은 분들이 사역에 동감하며 응원해주시길 부탁드립니다.

서정인 | 한국컴패션 대표

'우주는 어디서 왔으며 나는 어떻게 생겨난 것일까?' 누구나 한 번쯤 생각해본 근원적 질문에서 시작해 '나는 무엇을 바라는가? 무엇에 그처럼 배가 고픈가?' 라는 실존적 질문까지, 다양한 질문들과 이에 대한 대답을 통해 진정한 행복을 원하는 모두에게 도움과 유익을 주는 책입니다. 이재기 목사님의 가슴에 와 닿는 영성 깊은 글로 향기로운 삶을 원하는 모든 분을 초대합니다.

이웅상 | 명지대학교 교수, 전 한국창조과학회 회장

이 책은 요란함이나 화려함이나 억지가 없이 일상에서 접하는 다양한 소재들을 잔잔하게 풀어 나가면서도 호기심을 자극하며 진한 감동을 줍니다. 부담과 거부감을 주지 않으면서도 자신의 삶을 성찰하게 하

며 인생에 대해 깊은 생각을 하게 만드는 미묘한 힘이 있습니다. 인생의 신성한 의미와 행복에 대해 갈증을 느끼는 사람들에게 또 초신자 양육이나 교회의 전도용으로 적극 추천합니다.

이재학 | 디모데성경연구원 대표

비기독교인도 거부감 없이 읽을 수 있을 만큼 따뜻한 지혜와 포용이 가득하면서도 기독교인에게는 신앙생활의 핵심을 깊이 있게 성찰하게 하는 책이다. 브레이크 없이 질주본능에 의지한 채 숨 가쁘게 뛰는 현대인들에게 한 잔의 생수가 될 것이다.

함병우 | 단국대 외래교수, 코스타 강사, 「나를 위한 시간혁명」의 저자

이재기 목사님은 광산에서 다이아몬드를 채굴하듯 삶의 지혜와 깊은 영성을 스포츠에서, 음악에서, 일상의 삶에서 찾아내었다. 인생의 의미와 행복, 죽음과 구원에 관한 어려운 이야기들도 그의 손이 닿으면 노래가 되고 예술이 되어 복음의 능력을 들어낸다. 그렇기에 이 책은 구도자나 신앙인 모두에게 예수님의 향기를 전하는 봄꽃 같은 책이다.

홍인종 | 장로회신학대학교 교수

머리말

저를 포함하여 오늘날을 사는 많은 사람들의 삶에는 여백이 별로 없습니다. 우리는 너무 많은 것들로 우리 인생의 장롱을 채우고 있습니다. 냉장고와 옷장과 심지어는 우리 머릿속까지 무언가로 가득 차 있습니다. 때로 그것들은 너무 많이 들어차 어느 한구석에선 썩어가기도 하고 악취를 풍기기도 합니다. 그것을 알면서도 우리는 비우려 하지 않고 자꾸만 채우려만 합니다.

향기로운 삶을 살려면 우리는 적당히 비울 줄도 알아야 합니다. 옷장의 잘 입지 않는 옷 뿐 아니라 우리 마음의 욕심도 비워야 합니다. 우리 머릿속에 들어간 잘못된 정보와 오류들, 그리고 그로 인한 편견과 아집도 비워내야 합니다. 특별히 하나님, 영원, 인생의 의미, 구원과 같은 주제에 대한 내 설익은 선입견도 비울 수 있어야 합니다. 그래야 참된 진리가 들어갈 수 있고 그래야 향기 가득한 존재가 될 수 있습니다.

저는 스물네 살에 예수님을 구주로 영접하고 믿었습니다. 그 전까지 저는 예수님을 잘 몰랐습니다. 마음 가는대로 살았지만 만족이 없었고 때로 인생은 통제 불능처럼 느껴졌습니다. 제 삶에서 향기는커녕 악취가 풍겨 나왔습니다. 저는 구원을 갈망했지만 어떻게 해야 그 구원을 얻을 수 있을지 몰랐습니다. 길을 찾았지만 어디로 가야할지 방향을 잡을 수 없었습니다. 진리를 원했지만 무엇이 진리인지 혼돈스러웠습니다. 문제는 제 안에 너무 많은 오류와 편견과 욕심이 채워져 있었다는 것입니다. 제가 그토록 간절히 구하던 길과 진리를 찾기 위해 저는 먼저 비울 것부터 비워내야 했습니다.

이 책은 일차적으로 그 당시 저와 같은 사람들을 염두에 두고 만들어졌습니다. 그들을 구도자라고 해도 좋고 '찾는 이'라고 해도 좋습니다. 그들에게 마음으로 건네고 싶은 이야기들을 담았습니다. 그들이 진리를 찾아가는 여정에 이 책이 조금이라도 도움이 된다면 더 바랄 것이 없겠습니다. 물론 여기 실린 글들은 이미 예수님을 믿는 분들도 함께 읽고 삶과 신앙에 대해 생각할 수 있는 내용입니다. 그리 무거운 이야기가 아닙니다. 향기로운 차 한 잔 놓고 일상의 삶에서 건져온 이야기를 통해 인생의 의미와 참된 행복에 대해 가까운 친구들이 대화를 나누는 것처럼 그렇게 읽혀졌으면 좋겠습니다. 주변에 그런 '찾는 이'가 있다면 이 책을 선물로 주셔도 좋겠습니다. 언젠가 그들에게서 하늘의 향기가 난다면 당신은 좋은 투자를 했다고 느낄 것입니다. 아무쪼록 이 작은 책이 누군가를 하나님께 더 가까이 가게 만들며 누군가의 인생을 더 향기롭게 만드는데 쓰임받길 원합니다.

출판을 허락해주신 새삶전도협회의 강효민 목사님과 편집으로 수고하신 한혜정 간사님에게 감사를 드립니다. 표지디자인을 해주신 정영란 선생님과 유영이 사모님에게도 감사드립니다. 바쁘신 중에도 이 작은 책의 원고를 읽고 기꺼이 추천사를 써주신 박정근, 서정인, 이웅상, 이재학, 홍인종 목사님과 맹명관, 함병우 교수님에게도 머리 숙여 감사드립니다. 함께 주님을 섬기는 사랑빛는교회의 성도님들에게도 사랑과 감사의 마음을 꼭 전하고 싶습니다. 여러분들로 인해 제 부족한 삶에 하늘정원의 향기가 더해지고 있음을 아셨으면 좋겠습니다. 마지막으로 제 인생의 궁극적 원인이자 목적이신 하나님께 감사와 찬양을 올려드립니다. 언제나 당신의 향기에 취해서 살고 싶은 마음뿐입니다.

2014년, 향기로운 5월에 이재기

목 차

Part 1

항복과 행복

속도를 늦추고

아침에 출근을 서두르면서 급히 차를 빼다가 앞에 있는 무릎 높이의 원형 바리케이드를 보지 못하고 그만 그것을 받아버리고 말았습니다. 빨리 가려고 하다가 일어난 사고였습니다. 속도를 높이는 게 능사가 아니고 오히려 재앙이 될 수도 있다는 사실을 깨닫는 순간이었습니다.

요즘 우리네 삶은 너무 급하고 그 속도가 너무 빠릅니다. 누가 말한 것처럼 우리는 시속 100km의 삶을 삽니다. 허겁지겁 일어나 식빵 한 조각을 입에 물고 문밖으로 달려 나갑니다. 생각할 여유도 없습니다. 바른 방향으로 가고 있는지, 같이 가는 사람들은 안녕한지, 왜 가야 하는지와 같은 질문들은 사치처럼 여겨집니다. 좌우 살피지 않고 앞만 보며 빨리 내달리다 보니 마음은 각박해지고 스트레스는 많아지며 삶은 행복하지 않습니다.

우리는 속도를 좀 늦출 필요가 있습니다. 그래서 우리가 제대로 가고 있는지, 방향은 맞는지 점검할 필요가 있습니다. 인생의 성공은 속도가 아니라 방향에 있다는 말이 떠오릅니다. 지금 우리에게 얼마나 필요한 말인지요. 생각해보십시오. 방향이 잘못 되어 있다면 속도는 빨라질수록 재앙입니다. 잠시 속도를 늦추고 주위를 둘러봅시다. 마음의 여유를 찾아봅시다. 놓치고 가는 것은 없는지, 가는 길에 주의를 기울여야 할 것은 없는지, 함께 가야할 사람들은 어디에 있는지, 피해야 할 것은 없는지, 방향은 맞는지 살펴봅시다.

속도를 조절해야 할 필요성을 느끼지만 삶의 격랑 가운데서 어떻게 손을 쓰지도 못하고 그냥 정신없이 떠밀려가고 있는 상황인가요? 생각은 하지만 아직 의지가 부족한가요? 그렇다면 윌프레드 페터슨(Wilfred Peterson)이 자신의 기도 시에서 기도한 것처럼 "속도를 늦추어 주십시오"(Slow Me Down)라고 기도하기 바랍니다. 페터슨의 이 시는 자꾸만 빨라지기만 하는 삶의 속도에 두려움과 문제의식을 느낀 한 사람이 자신의 주님께 속도를 좀 늦추어 달라고 간구하는 기도 시입니다. 차 한 잔과 함께 천천히 이 시를 읽으며 기도하는 마음으로 삶의 방향과 가치와 참된 의미를 생각해보면 좋겠습니다.

주님, 제 삶의 속도를 늦추어 주십시오
내 마음을 고요케 하심으로 심장의 박동을 진정시켜 주십시오
영원의 비전으로 저의 허둥대는 페이스를 안정되게 하옵시며
혼돈스런 날 가운데서도 영원한 언덕의 고요함을 제게 주옵소서
내 기억 속에 살아있는 부드러운 음악의 물줄기로
내 신경과 근육의 긴장을 풀어 주옵소서

잠시 휴식하는 기술을 가르쳐 주십시오
꽃을 보기 위해
친구와 담소하기 위해
개를 쓰다듬기 위해

어린 아이에게 미소 짓기 위해

좋은 책의 글 몇 줄을 읽기 위해

속도를 늦추는 기술을 가르쳐 주십시오

주님 제 삶의 속도를 늦추어 주십시오

인생의 지속적인 가치의 땅에

뿌리를 깊이 내릴 수 있도록 격려해 주십시오

더 위대한 목표점을 향해 자랄 수 있도록 말입니다

경쟁은 언제나 빠른 자의 것이 아니며

인생이란 그 속도를 증가하는 것 이상임을

매일 상기시켜 주십시오

솟아오른 참나무를 바라보며

그것이 천천히 그리고 잘 자랐기 때문에

크고 강하게 되었음을 깨닫게 하옵소서.

"놀만큼 놀아봤어"

　어느 날 우리 교회의 전도사님 한 분에게서 문자 하나를 받았습니다. 시간이 되면 박진영이라는 가수가 부른 "놀만큼 놀아봤어"라는 노래를 한 번 들어보라는 것이었습니다. 박진영씨는 예전에 《힐링캠프》라는 TV 프로그램에 나와 자기 존재의 이유를 찾고 있다는 말을 한 적이 있었기에 흥미를 갖고 그 노래를 찾아 들었습니다. 어쿠스틱 버전으로 들었는데 그의 이름에 걸맞게 세련되고 깔끔한 곡이었습니다. 그러나 저의 관심을 단번에 끈 것은 그 노래의 가사였습니다. 가사는 다음과 같습니다.

　　　나 놀만큼 놀아봤어
　　　왠지 몰랐어 뭐 때문에 열심히 살지
　　　돈을 벌어서 어떻게 써야 하는 건지
　　　둘러보았어 무엇으로 나를 채울지

　　　먹고 먹어도 왜 계속 배가 고프지
　　　(난 놀만큼 놀아봤어 또 벌만큼 벌어봤어)
　　　예쁜 여자 섹시한 여자 함께 즐길 만큼 즐겨봤어
　　　(결국엔 또 허전했어 언제나 그때뿐이었어)
　　　아침에 술 깨 겨우 일어날 때 그 기분이 싫어졌어

이젠 사랑을 하고 싶어 baby

혼자 집에 오는 길이 싫어 lately

이런 날 어서 구원해줘 baby 제발

꺼지지 않을 음식으로 나를 배 불려줘

눈 감을 때 두렵지 않기를

눈 감을 때 웃을 수 있기를

내가 어디로 가는지 알면서 내딛는

힘찬 발걸음으로 살기를

이젠 사랑을 하고 싶어 baby

혼자 집에 오는 길이 싫어 lately

이런 날 어서 구원해줘 baby 제발

꺼지지 않을 음식으로 나를 배 불려줘

please save me

save me

이 노래는 대중가요로 나온 노래이지만 단순한 가요가 아니었습니다. 그것은 인생의 많은 것을 누렸지만 여전히 공허하고 목마른한 사람의 구원에 대한 절규였습니다. 지금까지 승승장구 성공가도를 달려왔지만 사실은 길을 잃어버리고 어디를 갈지 알지 못하는한 구도자가 인생의 참 길을 간절히 찾기 원하는 일종의 기도송이었습니다.

누가 또는 무엇이 이 사람을 구원해줄 수 있을까요? 먹고 먹어도 계속 배가 고픈 이 사람을 꺼지지 않을 음식으로 배 불려줄 사람은 누구일까요? 눈 감을 때 두렵지 않고, 눈 감을 때 웃게 하는 그런 사랑을 누가 줄 수 있을까요? 이 세상에는 그런 존재가 없습니다. 그 어떤 것도 그가 지금 간절히 원하는 그것을 줄 수 없습니다. 박진영씨 스스로가 말했듯이 거액의 돈도, 명성도, 심지어 봉사와 구제의 삶도 그를 완전히 만족시키지 못했습니다.

한 때는 저도 박진영씨와 같은 노래를 흥얼거렸던 적이 있었습니다. "Save me!"라고 절규하며 대상도 알지 못한 채 기도했던 적이 있었습니다. 그러던 어느 날 저는 예수 그리스도라는 분을 만났습니다. 눈에 보이거나 손에 만져지진 않았지만 그분은 내 영혼의 깊은 곳으로 찾아와 "내가 너를 사랑한단다. 너를 위해 십자가에 죽을 만큼 너를 사랑한단다"라고 속삭여주셨습니다. 그분은 "술 마시고 노래하고 춤을 춰 봐도" 공허와 슬픔뿐이었던 저의 마음에 만족을 주셨습니다. 어디로 갈지 모른 채 방황하던 제게 가야할 참 길을 찾아주셨습니다. 아니 그분이 친히 저의 길이 되셨습니다. 눈 감을 때 두렵지 않고 오히려 웃을 수 있는 무조건적 사랑을 주셨습니다. 병들고 망가진 저의 영혼을 만져주시고 지금까지 신실하게 이해를 초월한 막무가내의 은혜로 인도해주셨습니다.

저는 박진영씨가 그분을 만나길 바랍니다. 스스로를 길이요, 진리요, 생명이라고 주장하시며 "나는 생명의 빵이니 내게 오는 자는 다시 주리지도 목마르지도 않을 것"이라고 대담하게 선언하신 그분을 만났으면 좋겠습니다. 그렇게 된다면 그는 자신이 만들어 불렀던 이 노래의 답을 마침내 찾게 될 것입니다. 그리고 그 답은 그의 입에서 또 다른 노래로 흘러나오게 될 것입니다. 그것은 그에게 있어 진정한 의미의 신곡, 즉 새 노래입니다. 그런 노래를 조만간 들을 수 있으면 좋겠습니다. 정말 그러면 좋겠습니다.

무엇을 갈망하란 말인가?

2011년 10월 6일은 애플사의 창업주였던 스티브 잡스(Steve Jobs)가 56세를 일기로 세상을 떠난 날입니다. IT업계의 혁신을 주도했고 아이폰, 아이패드 등 숱한 발명품으로 현대인들의 소통하는 방식과 일하는 방식, 더 나아가 삶의 방식 자체를 바꾸어놓은 만큼 그의 죽음은 전 세계인들을 놀라게 했습니다. 소식을 들은 수많은 사람들이 애플 본사와 대리점, 그리고 그의 자택 앞에 몰려들어 애도를 표하였습니다. 매스컴은 앞 다투어 그의 사망소식과 그의 생애에 연관된 소식들을 다루었지요.

잡스는 창조적이었고 열정적인 사람이었습니다. 그는 혁신적인 전자기기를 만드는 발명가였을 뿐 아니라 프레젠테이션의 달인이기도 했습니다. 청바지와 까만 터틀넥 T셔츠를 입고 자신의 제품을 열정적으로 소개하던 그의 생전 모습이 생각납니다. 그는 아이폰과 같은 환상적인 IT기기들을 남겼을 뿐 아니라 프레젠테이션의 달인답게 멋진 말들을 많이 남기기도 했습니다.

매스컴을 통해 회자되는 그의 말 가운데 가장 인상적인 것은 2005년 스탠포드대학교 졸업식 연설에서 했다는 "Stay hungry, stay foolish"라는 말입니다. "늘 갈망하라, 우직하게 나아가라" 정도로 해석할 수 있겠지요. "Stay hungry!" 늘 갈망하라는 그의 충고는 좋은 말입니다. 그러나 이 문구는 의미상 목적어가 빠져있습니다. 그는 대학을 졸업하는 젊은이들이 무엇을 갈망하기 원했을까요? 아니 그 자신은 무엇을 그렇게 갈망했을까요?

혁신?

성공?

새로운 기기?

부?

인기?

영향력?

그 어떤 것도 아닐 수 있고 그 모든 것일 수도 있겠죠.

그의 말을 되뇌며 나는 무엇을 늘 갈망하는지 질문해봅니다. '나는 무엇을 바라는가? 무엇에 그처럼 배가 고픈가?'

목회의 성공?

사람들의 인정?

안정된 생활?

잘 팔리는 책…

당신은 무엇에 그렇게 배가 고프신가요? 무엇을 그토록 늘 갈망하십니까?

현상에 만족하지 않고 늘 배고파하면서 무언가 미지의 것을 갈망하며 사는 것은 중요합니다. 그러나 갈망한다는 그 자체보다 무엇을 갈망하는가가 훨씬 더 중요하다고 생각합니다. 위대한 사람들은 거룩한 불만족을 가지고 늘 갈망했을 뿐 아니라 보다 의미 있고 가치 있는 것을 갈망하며 살았습니다. 예를 들어 간디는 인도 국민들의 독립을 갈망했습니다. 마틴 루터 킹 주니어나 넬슨 만델라는 인종차별이 없는 세상을 간절히 바랐습니다. 이들만이 아닙니다. 어떤 사람은 민주주의의 실현을, 어떤 사람은 가난과 질병으로부터의 해방을, 어떤 사람은 더 높은 차원의 예술적 성취를 갈망하며 이에 헌신했습니다.

이런 갈망은 참으로 고상한 것들입니다. 그러나 이런 것보다 더 고상하고 위대한 갈망이 있다고 저는 믿습니다. 그것은 바로 하나님에 대한 것입니다. 생각해보십시오. 만약 참으로 하나님이 계시다면, 전지전능하시고 절대적으로 거룩하시며 사랑 그 자체이신 하나님이 계시다면 그 하나님을 갈망하는 것보다 더 위대한 일이 있을까요? 그것보다 더 우리의 인생을 고상하게 하고 세상에 선한 영향력을 끼치게 하는 갈망이 또 있을까요?

실제로 여러 위대한 하나님의 사람들은 다른 어떤 것보다 하나님의 영광과 임재(presence)를 갈망했습니다.

- 이 세상이 낳은 가장 탁월한 리더 가운데 한 사람으로 평가받는 모세는 하나님의 영광을 갈망했습니다.
- 이스라엘의 가장 위대한 왕이며 하나님의 마음에 합한 사람이었던 다윗은 하나님의 임재를 갈망했습니다.
- 복음으로 당시의 세상을 정복하고 문자 그대로 유럽의 역사를 바꾼 사도 바울은 주 예수 그리스도에 대한 관계적 지식을 갈망했습니다. 그분을 알기 위해, 그 부활의 권능과 고난에 참여함을 알고자 모든 좋은 것들을 배설물로 여길 정도였습니다.

늘 갈망하십니까? 무엇을 갈망하시나요? 우리의 인생은 우리가 갈망하는 것의 위대함만큼 위대해질 수 있습니다. 사람이 구할 수 있는 것 가운데 가장 위대한 대상인 하나님을 갈망하지 않겠습니까? 아직 하나님을 잘 모른다구요? 그래도 괜찮습니다. "정말 하나님이 계신다면 당신을 만나기 원합니다"라고 말씀드려 보십시오. 그분이 다가와 당신의 빈 마음을 채우시며 그 영광을 보여주실 것입니다. 모세처럼, 다윗처럼, 바울처럼 하나님의 영광과 그분의 임재와 주 예수 그리스도를 아는 지식을 갈망하십시오. 늘 배고파하며 목말라하며 사람들의 인정이나 세상의 트렌드에 흔들리지 말고 우직하게 나아가십시오.

하나님께서 그 갈망을 채우실 것입니다. 갈망하는 만큼 당신은 만족할 것이고 비워질 때마다 당신의 잔이 또 넘칠 것입니다.

주일이 우리를 지킵니다

언젠가 전철을 타고 집에 가는데 앞자리에 청바지를 입고 귀에 리시버를 꽂은 젊은 여자가 옆 사람에게 몸을 기대면서 졸고 있는 모습이 눈에 들어왔습니다. 보통 조는 것이 아니라 옆으로 막무가내 스러지는 것으로 보아 아예 잔다고 하는 편이 나을 것 같았습니다. 자꾸만 몸을 부딪치며 압박을 가하니까 옆자리에 앉은 아저씨는 귀찮다는 표정으로 잔뜩 인상을 찌푸리고 쳐다보다가 급기야 앞으로 몸을 싹 빼버렸습니다. 여자는 옆으로 확 쓰러졌다가 몸을 움찔하고는 원래 위치로 돌아왔습니다. 상당히 놀랬을 텐데도 계속 졸고 있었습니다. 젊은 여자가 얼마나 피곤했으면 그랬을까요? 주위를 둘러봤더니 그런 사람이 그 여자 혼자가 아니었습니다.

현대인들은 많이 지쳐있고 피곤해 있습니다. 점점 템포가 빨라져가는 이 시대의 속도에 맞추어 살려니 숨이 가쁜 것입니다. 생존의 야시장에서 살아남기 위해서는 남보다 더 많이 일하고 더 빨리 움직여야 합니다. 일할 수 있다는 것은 축복이고 제대로 된 일은 – 종교적이든 비종교적이든 상관없이– 거룩한 소명이지만 문제는 정신을 차릴 수 없을 정도의 분주함에 있습니다. 원하든 원하지 않든 세상은 시속 400km의 고속열차처럼 우리를 싣고 미친 듯 달려가며 우리는 그 가운데서 잠시 창밖을 바라보며 여행을 즐기거나 우리의 목적지에 대해 생각할 여유조차 갖지 못합니다.

사람의 삶(life)이 그 소유의 넉넉함에 있다고 날마다 선전해대는 물질주의적 시대 풍조는 이러한 우리의 분주함을 더욱 부추깁니다. 더 많은 것을 가지기 위해 우리는 조금씩 자신의 영혼을 잃어갑니다. 스트레스 수치는 올라가고 마음의 여유는 사라집니다. 걸핏하면 짜증을 내고 잘 기다리지 못하고 조바심은 점점 심해집니다. 좀 쉴라치면 공연히 죄책감이 들고 아무 것도 하지 않고 있으면 불안한 마음까지 듭니다. 그러다 보니 우리는 삶의 기쁨을 잃어버리고 언제나 쫓기듯 허덕이면서 삽니다.

그러한 삶의 결과는 무엇입니까? 각박하고 황폐한 마음입니다. 탈진과 육체적 피로입니다. 창의력과 상상력의 고갈입니다. 관계의 상실과 내면의 피상성입니다. 소유는 풍부해질지 몰라도 존재는 점점 가난하게 됩니다. 인생은 누리고 기뻐해야 할 선물이기보다는 억지로 견뎌야 할 부담이 됩니다. 이것은 우리를 창조하신 하나님의 의도가 결코 아닙니다. 창세기 기자는 하나님께서 6일간 이 세상과 온 우주를 창조하신 후 제 7일째 안식하셨다고 말합니다. 쉴 필요가 없으신 그분께서 당신의 일을 그치신 후 그 만드신 세상의 선함과 아름다움을 감상하시고 경축하신 것은 우리 인생의 바람직한 라이프스타일에 대한 영원한 모범을 보여주신 것입니다. 실제로 그분은 구약시대 당신의 선민인 이스라엘 백성에게 10가지 삶의 원리를 주시면서 그 4번째 계명으로 엿새 동안 열심히 일하고 제 칠일은 쉴 것을 명하셨습니다. 일과 쉼의 적절한 리듬이 우리에게 필요함을 누구보다 잘 아시는 하나님께서 모든 인간이 따라야 할 건강한 삶의 원리를 이 계명을 통해 제시하신 것입니다.

그러므로 우리는 안식의 원리를 회복하고 안식의 기술을 개발해야 합니다. 사실 일을 안 한다고 다 안식하는 것이 아닙니다. 복잡한 쇼핑몰을 이유도 없이 돌아다니거나 '쌍 리모컨'을 들고 TV앞에 하릴없이 앉아 있는 것은 우리를 더 피곤하게 만들 수 있습니다.

마르바 던(Marva Dawn)이 자신의 탁월한 저서 「안식」(Keep the Sabbath Wholly)에서 제시한 4가지 원리는 참된 안식의 길을 찾는 많은 사람들에게 좋은 가이드의 역할을 합니다. 그녀는 먼저 그침의 원리를 말합니다. 우리는 안식일에 일을 그치고, 생산과 성취를 그치고, 근심과 걱정과 긴장을 그쳐야 합니다. 우리는 또한 스스로 신이 되려는 노력을 그치고, 우리의 소유욕을 그치고, 문화순응을 그치고, 단조로움과 무의미를 그쳐야 합니다. 두 번째는 쉼의 원리입니다. 안식일에 우리는 영적 쉼, 육체적 쉼, 정서적 쉼, 지적 쉼, 그리고 사회적인 쉼을 경험합니다. 세 번째는 받아들임의 원리입니다. 안식일에 우리는 하나님의 가치를 받아들이고, 공간대신 시간을 받아들이며, 요구하기보다 주는 삶을 받아들이고, 위로부터 주어진 우리의 소명을 받아들여야 합니다. 마지막은 향연의 원리입니다. 안식일에 우리는 영원에 대한 향연과 음악과 아름다움과 음식과 애정이 있는 향연을 벌입니다. 이것이 성경에서 말하는 안식의 원리입니다. 예수께서도 이렇게 안식일을 지키셨습니다. 우리도 이와 같이 할 때 참되고 온전한 안식을 경험할 수 있을 것입니다.

언젠가 어떤 교회 건물 외벽에 "우리가 주일을 지키는 것이 아니라 주일이 우리를 지킵니다"라는 글귀가 적힌 현수막이 길게 걸린 것을 본 적이 있습니다. 얼마나 맞는 말인지요! 생각해보십시오. 일주일에 하루만이라도 일상의 일과 염려와 근심을 내려놓고 영혼의 참된 쉼을 경험할 수 있다면, 한 주를 돌아보며 반성할 것을 반성하고 바로잡을 것을 바로잡으며, 감사할 것을 감사하고 경축할 것을 경축할 수 있다면, 더 나아가 예배를 통해 인생의 참된 의미를 생각해보며 삶에 대한 초월적 영감을 받을 수 있다면, 만약 우리가 삶 속에서 일관되게 이런 안식을 경험한다면 우리의 인생은 지금과 어떻게 달라질지……. 그런 주일을 지킨다면 그것이 능히 우리를 지켜주지 않을까요? 이 바쁜 세상에서 안식의 소중함을 새롭게 깨우치며 기억합시다. 우리가 주일을 지키는 것이 아니라 주일이 우리를 지킨다는 이 중요하고 명확한 사실을 말이죠!

항복과 행복

　항복이 행복이라는 말을 들어보셨나요? 보통은 저희 같은 중년 남자들에게 농담반 진담반으로 가정에서 행복하려면 아내에게 항복하라고 충고할 때 사용하는 말입니다. 그런데 베스트셀러 작가인 공지영씨는 「수도원기행」이라는 자신의 책에서 이 말을 전혀 다른 맥락에 사용합니다.

　대부분의 사람들처럼 공지영씨도 행복을 찾아 열심히 살았습니다. 그녀는 소설가가 되면 행복해질 거라고 생각해서 소설가가 되었습니다. 그 다음엔 유명해지면 행복할 거라고 생각했는데 운 좋게도 그녀는 유명해졌습니다. 그리곤 돈 걱정이 없어지면 행복할 거라고 생각했는데 돈도 생겼습니다. 94년 자신이 낸 책 세 권이 베스트셀러에 오르면서 하루를 자고 나면 통장으로 수천만 원의 인세가 도착하기 시작했다는 것입니다.

　그녀는 행복해졌을까요? 자신을 찾는 전화벨이 끝없이 울려대고 돈은 통장으로 계속 들어오며 인터뷰 요청이 몰려들었을 때 그녀는 행복을 마음껏 경험했을까요? 그렇지 않았습니다. 오히려 그녀는 우울증에 걸렸고 공허한 영혼이 '시도 때도 없이 육체에 비상벨을 울려대' 배가 고프지도 않은데 밤낮을 가리지 않고 음식을 먹어대었다고 합니다. 당시를 회상하며 그녀가 내린 결론은 이렇습니다. "그토록 원하던 돈과 명예가, 그리고 몰려드는 인터뷰가, 행복해지는 데 이토록 쓸모없는 것인 줄 알게 된 것만으로도 어쩌면 나는 그

시기를 감사해야 할지도 모른다."

　이런 고백은 공지영씨만의 것은 아닙니다. 돈과 권력과 명예를 가졌던 수많은 사람들이 같은 말을 해왔습니다. 보리스 베커(Boris Becker)라는 테니스 선수를 기억할지 모르겠습니다. 그 금발의 슈퍼스타는 이렇게 고백한 적이 있습니다.

> 나는 이미 두 번이나 윔블던을 우승했다. 한 번은 최연소 선수로 우승했다. 나는 부자다. 돈과 자동차와 여자들과 필요한 모든 물질적인 소유를 가지고 있다. 하지만 나는 행복하지 않다. 나는 내가 하는 말이 이미 진부한 표현이 되었음을 안다. 자살한 팝스타들과 영화배우들이 되뇌던 문구였음도 안다. 그러나 그들이 모든 것을 가지고 있었지만 너무도 불행했던 것은 사실이었다. 내 안에는 평안이 없다. 나는 줄에 매달린 인형에 불과했다.

　부와 성공과 명성을 다 가져본 공지영씨와 보리스 베커의 결론은 다르지 않았습니다. 그런 것들이 자신을 행복하게 해주지 못했다는 것입니다. 세상이 줄 수 있는 최고의 것들을 가져봤지만 참된 행복과 진정한 만족에는 별 소용이 없었다는 것입니다. 그것이 이 두 사람만의 경험일까요? 그렇지 않습니다. 과거 이스라엘의 왕으로서 부귀영화는 물론이고 지혜와 지식까지 모든 것을 다 가졌던 솔로몬도 인생을 회고하며 "헛되고 헛되니 모든 것이 헛되다"고 고백했습니다.

해결책은 무엇일까요? 어떻게 하면 우리는 진정 행복해질 수 있을까요? 공지영씨는 항복하면 된다고 조언합니다. 내가 내 운명의 주관자라도 되는 듯이 설치지 말고 나의 한계와 연약함을 인정하고 하나님께 무릎을 꿇으라는 것입니다. 하나님을 하나님으로 인정하고 그분께 내 인생의 운전대를 넘기라는 것입니다. 박진영씨가 '하프타임'이라는 자신의 노래에서 말한 것처럼 "이 넓은 우주의 한 먼지도 안 되는" 우리가 그 "조그만 뇌로 선과 악, 정의와 불의를 단정하고 큰소리로 떠들지 말고" "이 모든 걸 만든" 존재에게 찾아가 물어보라는 것입니다.

행복을 원하십니까? 하나님께 항복하십시오. 세상에서 가장 지혜로운 사람이라는 평가를 받은 솔로몬은 이미 삼천년 전에 그 이치를 깨닫고 이렇게 썼습니다.

"세상 만사의 결론을 들었으니 하나님을 경외하고 그분의 명령을 지켜라. 이것이 사람이 해야 할 본분이다"(전도서 12:13).

공지영씨가 지적한 것처럼 우리말로 항복과 행복은 획하나 차이의 낱말입니다. 그만큼 가깝다는 말입니다. 그렇습니다. 항복하면 행복합니다.

장례식을 상상하라!

비틀즈의 멤버였던 존 레넌(John Lennon)이 불렀던 "imagine"(상상하라!)이라는 노래를 아십니까? 최근에 김연아 선수가 자신의 마지막 갈라쇼에서 사용하여 우리에겐 더욱 친숙해진 곡입니다. 레넌은 그 곡에서 전쟁이 없는 세상을 상상해보라고 노래합니다.

사람들은 다양한 것을 상상할 수 있습니다. 그것은 창조주 하나님께서 인간에게만 주신 특권입니다. 상상력이라는 이 특별한 선물로 인간은 놀라운 일들을 이루고 있습니다. 자, 그러면 한 번 물어봅시다. 당신은 지금 무엇을 상상하고 있습니까? 레넌처럼 전쟁이 없는 세상을 상상하시나요? 아니면 성공한 자신의 미래상을 상상하시나요? 싱글이라면 지금 누군가와 사랑에 빠지거나 결혼하는 장면을 상상할 수도 있겠군요. 가족과 떨어져 있다면 가족과의 재회를 상상할 수도 있을 것입니다.

위에서 열거한 것과 같이 일반적으로 사람들은 좋은 것들을 상상합니다. 성공, 평화, 회복, 사랑과 같은 것들 말입니다. 그러나 저는 그 누구도 상상하지 않을 것 하나를 상상해보라고 권해드립니다. 그것은 자신의 장례식에 대한 상상입니다. 기분이 상하셨나요? 남의 장례식도 생각하거나 떠올리기 싫은데 자신의 장례식을 상상하라니 도대체 왜 그러는 건지 의아해하는 분이 있을 것입니다. 어쩌면 저주나 불길한 말을 들은 것 같아 불쾌한 마음이 들지도 모르겠습니다. 그러나 장례식을 상상하는 것은 생각처럼 나쁜 일이 아닙니다. 오히려 그것은 우리의 멋진 출발을 도와주는 활동입니다.

스티븐 코비(Stephen Covey)를 알 것입니다. 그는 「성공하는 사람들의 7가지 습관」, 「원칙 중심의 리더십」등 많은 베스트셀러를 쓴 저자요, 자기계발의 권위자입니다. 사실 자신의 장례식을 상상하라는 충고는 저의 오리지널이 아니라 코비의 글에서 영감을 받은 것입니다.

그는 자신의 대표작인 「성공하는 사람들의 7가지 습관」에서 우리의 삶을 참된 성공으로 이끄는 7가지의 습관을 열거하고 있는데 그 가운데 2번째가 "마지막을 염두에 두고 시작하라"는 것입니다. 그는 이 습관에 대해 설명하면서 독자들에게 어떤 사랑하는 사람의 장례식에 가는 것을 상상하라고 말합니다. 그러나 사실 '이 사랑하는 사람은 바로 자기 자신입니다. 당신은 관속에 누운 자기 시신을 보고 충격과 함께 그 사실을 알게 됩니다.

이제 당신은 자리에 앉아 장례식에 온 조문객들이 당신이라는 사람에 대해, 그리고 당신의 삶에 대해 말하는 것을 듣습니다. 4명의 연사가 예정되어 있는데 첫 번째는 당신의 가족 가운데서, 두 번째는 당신의 가까운 친구 가운데서, 세 번째는 당신의 직장 동료나 같은 직업을 가진 사람들 가운데서, 그리고 네 번째는 교회의 식구들 가운데서 각각 한 사람씩 나와 당신을 회고합니다. 여기서 코비는 우리에게 질문합니다. "당신은 그들이 당신과 당신의 삶에 대해 뭐라고 말해주기를 원하는가?"

당신은 어떻게 기억되기를 원합니까? 어떤 배우자로, 부모로, 또는 자식으로, 또는 친구나 직장 동료로, 또는 신앙인으로 사람들의 기억 속에 남아있기를 원합니까? 어떤 기여를 했으며 어떤 영향을 준 사람으로 평가되기 원합니까? 당신의 배우자나 자녀들이 당신을 생각할 때 어떤 사람으로 기억하며 당신에 대해 어떤 느낌을 갖기 원합니까? 그것을 염두에 두고 살라는 말입니다.

많은 사람들이 정신없이 살다가 이 세상을 떠나기 전에 자신의 삶을 돌아보며 후회한다고 합니다. 그것은 정말 중요한 것을 놓쳐버리고 그렇지 못한 것에 시간을 다 써버린데 대한 후회이지요. 더 베풀고, 더 깊이 사랑하며, 더 자주 웃고, 더 용감하게 살지 못한 자신의 삶을 한하는 것이지요. 더 지혜롭게 영원을 예비하며 나를 만드시고 사랑하신 하나님을 더 잘 신뢰하지 못한 안타까움이지요. 그때 후회하지 말고 지금 변화를 선택하지 않겠습니까? 당신의 장례식에서 당신을 회고하는 사람들로부터 듣기 원하는 그런 삶을 지금 시작하기 바랍니다. 미루지 마십시오. 지금 하지 않으면 당신은 결코 그런 삶을 살지 못하게 될 가능성이 큽니다.

의미 있고 풍성한 삶을 원하십니까? 제대로 된 성공을 원하시나요? 인생의 미션을 다 이루길 참으로 갈망합니까? 사람들이 당신의 장례식에 와서 당신에 대해 할 말을 미리 들으십시오. 지금 눈을 감고 그 현장의 모습들을 그려보기 바랍니다. 좋습니다. 그렇게 하면 됩니다. 자신의 장례식을 상상하십시오. 제발 마지막을 염두에 두고 시작하십시오.

점검의뢰

언젠가 자동차의 엔진오일을 교환하기 위해 정비소에 갔던 날이었습니다. 그 얼마 전에 찌그러진 부분을 펴고 흠집이 난 부분에다 새롭게 도색을 하였기에 제 차는 아주 번듯하게 보였습니다. 정비기사가 사장님이라는 호칭을 사용하며 공손하게 대해주어서 내심 기분이 좋았습니다. 엔진 오일을 교환한 정비기사는 자동차의 다른 부분에 대한 점검도 해주겠다고 했습니다. 그는 기중기로 차를 올리고 평소 보이지 않는 차 밑 부분의 이곳저곳에 손전등을 비추면서 제게 이렇게 말했습니다. "사장님, 이 차 보기보다 문제가 상당히 많습니다." 그는 여러 가지 문제점을 하나하나 지적한 후 옆에 서 있던 저를 불러 차 밑에 세워놓고 그것을 직접 보여주기까지 했습니다. "저기 벨트 보이세요? 심하게 금간 것 보이시죠? 큰일 날뻔 하셨네요. 저거 끊어지면 큰 사고로 이어집니다."

그 정비기사는 제가 보지 못했던, 아니 어쩌면 보기를 원치 않았던 자동차의 실상을 보게 해주었습니다. 저는 껍데기를 보고 만족했지만 그는 전문가의 눈으로 진짜 중요한 기계부분을 본 것입니다. 제 차는 아무 이상도 없는 것 같았지만 실제 급박하게 정비가 필요한 상태에 있었습니다.

우리의 삶도 그럴 수 있지 않을까요? 우리는 그저 안이하게 생각하고 지나치지만 조금 더 깊이 들여다보면 삶의 여러 부분들이 상당히 심각한 상태에 놓여있지는 않을까요? 겉으로 보기에는 별 문제가 없는 것 같지만 속은 금이 가고 구멍이 뚫어져 있는, 그래서 어떤 자극만 받으면 큰 사고로 이어질 수 있는 위험에 처해 있지 않나요?

지금 당장 명백히 나타나지는 않지만 당신의 부부관계나 다른 중요한 인간관계에 녹이 슬었거나 금이 가 있을 수 있습니다. 스스로도 알지 못하지만 당신 자신은 물론이요 다른 많은 사람들을 파괴시킬 쓴 뿌리가 당신의 내부에서 자라고 있을지 모릅니다. 자기도 모르는 사이 아주 조금씩 외부에서 침투한 불순물로 인해 당신의 성품 중 어떤 부분이 정상적인 기능을 하지 못하고 있을 가능성도 없지 않습니다. 아마도 지금 생각조차 못하고 있을지 모르지만 당신 영혼의 깊숙한 부분이 심각하게 오염되었거나 죽어가고 있는 중일지도 모를 일입니다.

이스라엘의 왕이었고 '하나님의 마음에 합한 자'라는 칭호를 얻었던 다윗은 그런 위험을 감지하고 하나님께 자신의 상태를 점검해 달라고 의뢰했습니다.

> 하나님, 나를 샅샅이 살펴보시고
> 내 마음을 알아주십시오.
> 나를 철저히 시험해 보시고…
> 내가 나쁜 길을 가지는 않는지
> 나를 살펴보시고
> 영원한 길로 나를 인도하여 주십시오. (시편 139:23-24)

얼마나 지혜로운 기도입니까? 우리는 우리 자신에 대해 너무도 많은 것을 보지 못합니다. 우리의 시각은 피상적이고 왜곡되어 있습니다. 인생에 대해, 영적 현실이나 영혼의 건강에 대해 우리는 그저 아마추어일 따름입니다. 전문가의 점검과 진단이 절실히 필요합니다. 다윗처럼 우리 영혼의 전문가요, 정비사이신 하나님께 정기적인 점검을 의뢰하지 않겠습니까? 그래서 앞으로 있을 수도 있는 심각한 재난을 예방하지 않겠습니까? 제 차가 금이 간 벨트로 계속 달렸다고 생각해보십시오. 끔찍한 일이 일어나지 않았을까요? 저뿐 아니라 다른 사람에게까지 해를 끼치지 않았을까요?

전문가이신 하나님께 가시기 바랍니다. 그분께 당신의 모든 것을 보여드리고 점검을 의뢰하십시오. 육체적 건강이나 자동차 상태 같은 것들만 점검할 것이 아니라 그보다 훨씬 더 중요한 것에 대한 점검을 우리는 반드시 받아야 합니다. 인생과 영원과 영혼의 문제에 대해 점검해보셨습니까? 그런 것들에 대한 하나님의 진단을 구하십시오. 가능한 한 자주 그렇게 하시기 바랍니다. 우리가 결코 볼 수 없는 가장 은밀한 부분까지 그분이 보시고 우리가 예상할 수 없는 가장 작은 위험까지도 미리 밝혀내시며 우리가 결코 흉내 낼 수 없는 전문가의 솜씨로 우리 영혼을 만져주실 것입니다.

한밤의 노크 소리

미국 텍사스 주 달라스시 옆에는 포트워스라는 쌍둥이 도시가 붙어 있는데 거기서 살 때의 이야기입니다. 불량스런 음성의 한 미국 청년에게서 어느 날 전화가 걸려왔습니다. 아내가 전화를 받았는데 음담패설을 하며 저질스런 농을 걸려고 해서 그 전화를 끊어버렸습니다. 그 후 그 친구로부터 몇 번 같은 식의 전화가 걸려 왔습니다. 아내가 전화를 받으면 그는 이상한 음성으로 헛소리를 지껄였고 제가 받으면 그냥 끊어버리거나 아니면 "Hello, its me"등의 인사를 한 후 전화를 끊곤 했습니다. 정확하게 기억을 할 순 없지만 이 불유쾌한 전화통화는 대략 한 달 정도쯤 계속되었던 것 같습니다. 그리고는 한 동안 우리는 이 친구의 음성을 듣지 않게 되었고 할 일이 되게도 없는 이 불쌍한 미국 친구는 마침내 우리의 기억 속에서 희미해져 갔습니다.

그러던 어느 날 저녁 6시쯤, 간만의 외출에서 돌아온 우리 식구가 저녁 식사를 하고 있는데 식탁 옆에 놓여있던 전화기의 벨이 제법 요란한 소리를 내며 우리의 대화를 중단시켰습니다. 아내가 일어나서 전화를 받더니 갑자기 커다란 바퀴벌레를 발견한 것 같은 표정을 지으며 전화를 끊어버렸습니다. 그 친구였던 것입니다. 인생이 지겨워서 얼굴도 모르는 사람들에게 전화질을 해대며 시간을 죽이는 한심한 미국인, 한동안 뜸했던 바로 그가 전화를 다시 걸었던 것입니다.

아내가 자리에 앉기도 전에 전화벨이 또 울렸습니다. 이번에는 제가 받았습니다. 목소리로 기선을 제압하기 위해 짐짓 굵고 무게 있는 목소리로 "Hello!"라고 했습니다. 그러나 그 한 마디의 단어가 끝나기도 전에 갑자기 화가 머리끝까지 난 듯한 격앙된 목소리가 수화기를 통해 귓속으로 쏟아져 들어왔습니다. 예상 밖의 일이었죠. 보통 때는 제게 아예 말을 하지 않거나, 한다 해도 겸연쩍은 목소리로 한두 마디 한 후 끊어버리는 것이 고작이었습니다. 그러나 이번에는 무슨 이유에서인지 발톱을 치켜세운 호랑이처럼 으르렁거리며 욕설과 폭언을 퍼부어 대었습니다. 왜 자기 전화를 끊어버렸냐는 것이었습니다. 어느새 욕설은 협박으로 변했습니다. 당장 우리 집으로 와서 다 죽여 버리겠다는 것이었습니다. 우리 집 주소도 알고 우리가 누구인가도 다 안다고 했습니다.

몇 번 타이르며 설득을 시도했지만 오히려 더욱 화를 내며 협박을 해 대기에 그만 전화를 끊어버렸습니다. 찜찜하고 불길한 기분이 들었습니다. '혹시 이 친구가 진짜 우리 집 주소를 알고 있는 것은 아닐까?'라는 생각이 든 것입니다. '그럴지도 모른다. 전화번호부에는 집주소가 다 나오는데…. 전화번호를 기억하고 있는 것을 보면 주소 아는 것은 그리 어려운 문제가 아닐 것이다. 미국에 별이유 없이 총질을 해대는 정신 나간 친구가 많다던데 어쩌면 이 친구가….'

잔뜩 긴장한 우리는 만약의 사고를 막기 위해 (한국의 119와 같은) 911에 신고를 했습니다. 긴박한 상황이냐고 물어서 그런 것 같다고 했더니 사람을 보내주겠으니 기다리라고 했습니다. 2층밖에 되지 않는 목조아파트의 안전을 책임지는 아파트 경비원들에게도 말을 해두었습니다. 우리 집 주위의 저녁순찰을 강화하겠다는 약속을 받고도 안심이 되지 않아 대략 두어 시간 정도 아래층 친구 집으로 피난 겸 '마실'을 갔다가 집으로 돌아왔습니다. 그러나 그날 저녁에 바로 달려와서 총으로 머리를 날려버리겠다는 그 친구도, 긴급한 출동을 약속했던 경찰도 오지 않았습니다.

일단 숨은 돌렸지만 미국에 살면서 처음 당했던 일이라 쉽게 마음의 안정이 되지 않았습니다. 아내와 이런 저런 이야기를 나누다 새벽 3시쯤 잠자리에 들었습니다. 막 침대로 들어갔는데 전화벨 소리가 한밤의 정적을 가르며 울렸습니다. 아내와 내가 동시에 일어났습니다. 몇 번 계속해서 전화벨이 신경질적으로 울렸지만 받지 않았습니다. '이 깊은 밤에 누가 전화를 한 것일까?' 그 친구일 것이라는데 우리의 의견이 모아졌습니다. 졸음이 사라지고 긴장이 되었습니다. 한 3분쯤 뒤 누군가가 우리 아파트 문을 주먹으로 요란하게 두들겼습니다. 쾅쾅쾅쾅쾅… 일단 집안의 모든 불을 끄고는, 그냥 앉아서 당할 수는 없으니 나름대로 대비를 했습니다.

순간적으로 여러 생각들이 교차했습니다. 아파트의 문은 이중으로 굳게 잠겨 있었지만 그 목제 문이 그날처럼 허술해 보인 적은 한 번도 없었습니다. 그것은 설명하기 힘든 야릇한 느낌이었습니다.

....

저녁이 되면 언제나 문이 잠겼나를 확인하고 그것이 굳게 잠겼다는 사실 때문에 우리는 안전하게 잠자리에 들 수 있었습니다. 그러나 그날 밤은 문이 잠겨있다는 사실이 우리에게 안전을 보장해준다는 느낌이 전혀 들지 않았습니다. 그처럼 결정적인 순간에 문에 달려있던 그 이중의 자물쇠는 마치 장난감만 같았습니다. 우리가 언제나 믿었었던 그 자물쇠가 정작 필요한 순간에는 우리의 안전에 전혀 도움을 주지 못한다는 발견이 우리를 몹시 허탈하게 했습니다.

내 집의 대문을 잠그는 것처럼 우리는 우리 인생의 안전을 이 모양 저 모양으로 도모합니다. 기술을 배워놓기도 하고 공부를 많이 하거나 경력을 쌓아서 이력서를 채워놓기도 합니다. 성형수술을 해서 얼굴을 뜯어고치기도 하며 호신술을 배워놓기도 합니다. 안정된 직장을 구하거나 든든한 배우자를 구하기도 합니다. 돈을 많이 벌어 튼튼하고 좋은 집을 사며 은행의 통장을 두둑하게 해놓기도 합니다. 그것도 모자라서 각종 보험을 들어 불의의 사고에 대비하기도 합니다.

이 모든 것이 다 잘못되었다는 말은 아닙니다. 밤에 집의 문을 잠그는 것처럼 우리는 우리의 삶을 책임 있게 살아야 할 의무가 있습니다. 그러나 그것만으로 나의 인생이 안전하게 지켜질 것이라고 생각한다면 그것은 오해입니다. 오해라도 여간한 오해가 아닙니다. 평소 나를 지켜줄 수 있다고 믿고 의지했던 것들이 언젠가 결정적인 순간에 하나도 소용없는 것으로 변하게 되는 날이 있을 것입니다. 돈, 외모, 인간관계, 명예, 지위, 심지어는 보험조차도 내게 전혀 도움이 되지 못할 그때, 우리는 어디로 피할 것입니까?

누가가 쓴 복음서에 보면 한 부자의 이야기가 나옵니다. 이 부자는 그해 풍성한 수확을 해서 곡식 쌓아둘 곳이 부족했습니다. 넘치는 곡식의 보관문제로 행복한 고민에 빠진 그는 마침내 자신의 곡간을 헐고 더 큰 것을 지어 거기에 모든 곡식과 물건을 쌓아 두기로 결정했습니다. 그는 만족했으며 큰 곡간에 쌓여질 물건들로 자기 삶의 안전은 보장을 받은 것으로 생각했습니다. 그는 스스로에게 "내 영혼아, 여러 해 쓸 물건을 많이 쌓아 두었으니 평안히 쉬고 먹고 마시고 즐거워하자"라고 독백합니다.

그러나 바로 그때 이 부자는 그날 새벽 3시에 우리가 경험했던 것과 어떤 면에서 비슷한 경험을 하게 됩니다. 하나님께서 그의 대문을 두들기신 것입니다. 그의 영혼을 되찾기로 결정하신 하나님께서는 그 부자에게 다음과 같이 말씀하셨습니다.

"어리석은 사람아 오늘 밤에 네 영혼을 도로 찾아가면 네가 지금까지 쌓아둔 것이 뉘 것이 되겠느냐?"

큰 곡간에 물건을 가득 쌓아놓은 것만으로 인생의 안전을 도모했던 그는 그날 밤, 그 결정적인 순간에 자신의 곡간에 쌓여진 그 많은 곡식과 물건들이 쓰레기통에 가득 찬 쓰레기만도 못한 충격적인 경험을 했을 것입니다.

무엇이 우리 인생의 궁극적인 안전을 보장할 수 있겠는지 깊이 생각해 보기를 바랍니다. 언제가 될지 모르지만 모든 사람은 예외 없이 자신의 인생 문에서 나는 노크소리를 듣게 될 것입니다. 그 때 당신은 자신 있게 그 부름에 응답할 수 있겠습니까? 한 치의 흐트러짐도 없이 모든 사태를 직면할 수 있겠습니까? 아니면 당혹감과 두려움에 빠져 우왕좌왕할 것입니까? 한 가지 분명한 것은 지상에 속한 것들로만 자기 삶의 곡간을 채워왔던 사람들은 그날 그 가득 찬 곡간이 자신에게 어떠한 도움도 주지 못한다는 사실을 보고서 말할 수 없는 허탈과 좌절에 빠지게 될 것이라는 사실입니다. 돈과 학벌과 권력의 자물쇠로 꼭꼭 인생의 문을 걸어 잠갔던 그들은 그 결정적인 순간에 그 모든 지상의 자물쇠가 얼마나 엉터리인가를 알고 절망하게 될 것입니다.

다행스럽게도 우리는 살아가는 동안 한시적이고 지상적인 것에 우리의 존재를 맡기는 것이 얼마나 위험하고 어리석은 것인가를 어렴풋이 짐작하게 될 때가 있습니다. 하나님의 역설적인 은혜라고나 할까요? 어쨌든 그런 다행한(?) 위기의 때--이를테면 깊은 병이 나를 괴롭히며 생존을 위협하거나, 목숨처럼 사랑했던 사람에게 실연을 당하거나, 내 인생을 걸었던 직장이 부도로 무너지거나, 평생의 꿈이 각박한 현실의 벽에 부딪쳐 스러지거나, 아니면 저희 부부의 경우처럼 실제로 한밤중에 누군가가 사정없이 문을 두드리거나 하는 것과 같은 때--그럴 때 우리는 내 삶의 자물쇠를 확인하고 교체할 필요가 있습니다. 지상의 어떤 위협도 심지어는 죽음조차도 침범할 수 없는 든든하고 안전한 것으로 말입니다.

후에 알게 된 일이지만 그날 새벽, 전화를 하고 우리 집의 대문을 요란하게 두들겼던 장본인은 바로 911의 신고를 받고 나온 경찰이었습니다. 저녁 7시에 긴급사항이라고 도움의 전화를 했는데 새벽 3시에 출동한 것입니다. 장난 전화를 걸었던 그 청년만큼이나 한심하고 무례한 경찰이 아닐 수 없습니다. 혹시 장난전화의 장본인이 경찰들 가운데 한 사람이었을까요? 에이, 아니겠죠. 설마?

Part 2

속삭임 테스트

당신의 몸값은?

한동안 언론은 추신수 선수의 계약 문제로 연일 보도를 쏟아내었습니다. 미국의 메이저리그 야구에서 뛰고 있는 추신수 선수가 2013년도 시즌을 끝으로 자유계약 선수 자격을 확보했기 때문입니다. 2013년도 신시내티 레즈(Cincinnati Reds)의 1번 타자로서 엄청난 활약을 펼쳤기 때문에 그의 몸값이 천정부지로 솟게 될 것이라고 언론들은 예측을 했고 그의 에이전트인 스캇 보라스 또한 1억 달러, 우리 돈으로 1,100억 원 정도의 계약을 성사시키겠다고 호언장담을 했습니다. 어떻게 되었을까요? 추신수 선수는 텍사스 레인즈스(Texas Rangers)와 7년간 1억 3천만 불, 우리 돈으로 137억원에 계약을 맺었습니다. 매주 3억원을 버는 셈입니다. 대단하지요! 그것이 그의 몸값입니다.

그렇다면 당신의 몸값은 어느 정도가 될까요? 저처럼 스타도 아니고 특출한 재능도 없는 평범한 사람의 경우 이런 질문을 들으면 살짝 낙심에 빠질 수 있습니다. 헤드헌터(Headhunter)들 사이에서 회자되는 스카우트의 대상도 아니고 함께 하는 사람들 사이에서 존재감도 없다면 자신의 몸값에 대한 부정적인 생각을 더 많이 갖고 있을 것입니다. 직장생활을 하는 사람이라면 자신의 보잘 것 없는 연봉을 떠올리면서 그것이 자신의 몸값이라고 생각할지도 모릅니다. 아무런 금전적 보상이나 사회적 인정을 받지 못하는 가정주부의 경우는 자신의 몸값이 아예 바닥이라고 생각할 수도 있습니다.

그러나 그것은 잘못된 생각입니다. 잘 모르고 있을지 모르지만 당신의 몸값은 엄청납니다. 그것은 당신의 능력이나 성취, 배경 따위와 아무 상관이 없습니다. 그것은 당신이 전지전능하신 하나님의 작품이며 그분의 사랑을 받는 존재라는 사실에 기초합니다. 성경은 하나님께서 하나님의 형상대로 당신을 만드셨고 따라서 손수 빚은 걸작품인 당신을 무조건적으로 사랑한다고 말씀합니다. 이것은 어떤 지적 존재(知的 存在)의 개입도 없이 아주 오랜 시간에 걸쳐서 우연한 화학반응으로 당신이 지금의 모습으로 만들어져 여기 있다고 주장하는 진화론적 설명보다 훨씬 믿기 쉽고 우리의 현실에도 더 부합한다고 생각합니다. 어떤 자연 진화론자라도 자신의 사랑하는 사람들을 우연한 화학반응의 산물로 대하지는 않으니까요.

뿐만이 아닙니다. 당신이 하나님에 대해 어떻게 생각하든 간에 하나님은 당신을 죄와 사망에서 구하기 위해 독생자인 예수 그리스도를 십자가에서 희생하셨습니다. 두 아이의 부모로서 제게 있는 가장 귀한 가치는 저의 자녀들입니다. 집도 아니고, 차도 아니고, 돈도 아닙니다. 아이들을 희생시키느니 차라리 저의 목숨을 내어놓겠습니다. 아마 대부분의 부모들도 같은 생각일 것입니다. 그런데 하나님께서는 당신을 위해 하나 밖에 없는 아들을 내어주셨습니다. 그만큼 당신을 귀하게 생각했기 때문입니다. 이를테면 그분은 온 우주에서 가장 가치 있는 존재인 예수 그리스도라는 값을 당신 때문에 지불하신 것입니다. 그것이 당신의 몸값입니다.

그러므로 자신의 존재가치를 증명하려고 애쓰지 않아도 됩니다.

사람들의 인정과 평가에 목을 매지 않아도 됩니다. 왜냐하면 당신의 가치가 예수님의 십자가에서 이미 입증되었기 때문입니다. 나는 마돈나라는 최고의 스타가수가 한 잡지사와의 인터뷰에서 자신의 가치를 입증하기 위해 몸부림을 친다면서 이렇게 말한 것을 읽은 적이 있습니다.

제 삶의 동력은 평범에 대한 두려움으로부터 와요. 이 두려움이 항상 저를 몰아가기 때문이죠. 주문을 걸듯이 이 두려움으로 제 자신을 들볶으면 이내 특별한 인간으로 드러나곤 해요. 하지만 금방 다른 무엇을 하지 않으면 다시 평범하고 시시한 사람으로 느껴지죠. 이미 유명인이 되었지만 여전히 제가 특별한 사람이라는 것을 증명하고 확인해야 해요. 그래야 직성이 풀려요. 이런 제 몸부림은 지금도 계속되고 있어요. 아니, 끝이 없을 거예요.

예수님의 십자가 희생에서 드러난 하나님의 사랑을 믿는다면 당신은 이런 피곤하고 불안한 삶을 살 필요가 없습니다. 십자가에서 당신은 당신의 행위 여부와 상관없이 당신의 가치를 인정하시는 하나님을 만나게 될 것이니까요.

당신의 몸값이 궁금하신가요? 당신의 존재가치가 의심스러운가요? 예수 그리스도의 십자가를 보십시오. 그것이 당신의 몸값을 공개적으로 선언하고 있습니다. 그렇습니다. 당신은 돈으로 도저히 계산할 수조차 없는 '예수님짜리' 입니다.

TGI 먼데이

《TGI 프라이데이》라는 식당이 있습니다. 그냥 《TGIF》라고 부르기도 하지요. 그것은 'Thank God Its Friday (하나님 감사합니다. 금요일이군요!)'의 첫 글자 4개를 딴 것입니다. 대부분이 주 5일 근무를 하는 미국에서는 금요일 저녁이 주말의 시작입니다. 일과 씨름하면서 보낸 힘들었던 시간은 마침내 끝나고 이제 쉼과 여가가 기다리고 있는 행복한 날이 눈앞에 다가온 것입니다. 많은 사람들이 가족 또는 친구, 연인과 함께 식당을 찾아 외식을 하고 즐거운 시간을 보내게 되겠지요. 그들의 입에선 저절로 "Thank God its Friday!"라는 말이 터져 나오지 않을까요? 앞에서 언급한 그 식당은 이런 점에 착안해서 식당 이름을 'TGI 프라이데이'로 지었을 것입니다.

금요일은 이처럼 환영을 받지만 월요일의 경우는 전혀 다릅니다. 많은 사람들은 월요일이 오는 것을 두려워합니다. 그들의 정서를 대변이라도 하듯 솜사탕처럼 부드러운 목소리를 뽐냈던 카펜터즈는 "Rainy days and Mondays always make me blue (비오는 날과 월요일은 언제나 나를 우울하게 해요)"라는 노래를 부르기도 했습니다. 그 노래에 고개를 끄덕이면서 "정말 그래요"라고 화답하고 싶은가요? 사실은 당신만이 아닙니다. 주위를 둘러보십시오. "TGI 프라이데이"를 외치는 사람은 많지만 "TGI 먼데이"를 말하는 사람은 없습니다. 오히려 월요일이 또 이처럼 빨리 왔냐면서 불평하고 원망하기가 쉽겠지요. 오죽 하면 월요병이라는 말까지 생겼을까요? 그러다 보니 많은 사람들의 생각 속에 월요일은 우울한 날이요, 심지어는 불행한 날로 각인되어 있습니다.

그러나 이런 생각은 우리 인생의 행복에 결코 좋지 않습니다. 우리는 관점을 전환하여 월요일을 다르게 볼 필요가 있습니다. 피할 수 없다면 즐기라는 말도 있지 않습니까? 어차피 월요일은 피할 수 없습니다. 월요일의 직장생활이라는 현실도 바꿀 수 없습니다. 그렇다면 우리는 월요일에 대한 우리의 관점과 태도를 바꾸어야 합니다. 그래야 주말을 맞는 것과 같은 행복한 기분으로 한 주를 시작할 수 있습니다.

리더십과 자기계발의 전문가인 존 맥스웰(John Maxwell)은 월요일에 대한 새로운 시각을 제시함으로써 우리로 TGI 먼데이의 삶을 살 수 있도록 도와줍니다. 그는 월요일을 이렇게 정의합니다.

- 월요일은 새로운 모험의 시작이며 또 다른 여행의 출발이다. 성취할 것을 기대하며 지내는 삶도 실제로 성취할 때만큼이나 흥미롭다.
- 월요일은 지난주의 실수를 만회할 수 있는 기회다. 우리는 월요일에만 "이번 주에 들어 아직 아무런 실수도 하지 않았다"라고 말할 수 있다.
- 월요일은 새로운 꿈을 꾸고 새로운 목표를 설정할 수 있는 기회다. 이번 주간에 하고 싶은 모든 일들을 깨끗한 종이 위

에 마음껏 적을 수 있는 날이다.

- 월요일은 생각과 계획을 행동으로 옮길 수 있는 날이다. 우리가 세운 계획들이 정말 효력을 발휘하는지 볼 수 있는 날이다.
- 월요일은 주말에 나 자신만을 위해 살았던 것을 반성하고 다른 사람을 돕기 위해 다시 시작할 수 있는 날이다.

어떻습니까? 월요일에 이런 장점들이 있는 줄 미처 생각하지 못하셨나요? 이뿐만이 아닙니다. 예수님을 믿는 그리스도인이라면 월요일은 주일 예배 때 받았던 영감과 에너지를 가지고 삶의 현장으로 새로운 발길을 내딛는 첫날이기도 합니다. 일요일에 교회에서 배웠던 바를 실제 현장에서 행동으로 옮겨 그게 정말 제대로 된 믿음인지 테스트할 수 있는 첫 번째 기회이기도 합니다. 이 정도면 누구든 "하나님 감사합니다. 월요일이군요!"(Thank God Its Monday)라고 말할 수 있지 않을까요? TGI 먼데이로 생각을 바꾸십시오. 그러면 당신의 인생도 달라질 수 있을 것입니다.

까르페 디엠(Carpe Diem)

지난 겨울의 어느 새벽, 기도회를 위해 아파트 문을 나서니 밤사이 하얀 눈이 살포시 내려있었습니다. 연초의 폭설로 인해 징그러울 정도로 눈 구경을 했고 당시 아내가 눈에 미끄러져 팔목골절까지 했으니 눈이라면 치가 떨릴 만도 한데 여전히 눈이 살짝 덮인 새벽녘의 세상은 독특한 매력을 발산하며 시선을 끌어당기고 있었습니다.

문득, 제가 살아있어서 이 아름다운 세상을 마주 할 수 있다는 것이 축복처럼 느껴졌습니다. 전설적인 재즈 가수 루이 암스트롱(Louis Armstrong)이 'What a wonderful world' 라는 곡에서 푸른 나무와 붉은 장미를 보고 감탄하며 "이 세상은 얼마나 놀라운 세상인가!"라고 노래한 것처럼 그 새벽의 세계는 저로 하여금 감탄과 감사를 발하게 했습니다.

인생은 참 소중한 것입니다. 살아있다는 것, 그 자체가 얼마나 경이로운지요. 예전에는 당연히 생각했는데 나이를 한 살씩 더 먹어가면서 삶은 점점 귀중한 보석처럼 여겨집니다.

- 지인과 가볍게 담소하는 것,
- 맛있는 음식의 냄새를 맡거나 직접 그것을 맛보는 것,
- 얼굴을 만지고 지나가는 바람을 느끼는 것,
- 아이들의 눈망울을 바라보는 것,
- 소파에 눌러앉아 책을 읽는 것,

- 가게의 스피커에서 흘러나오는 추억의 팝송을 듣는 것,
- 밤늦은 시간에 충혈된 눈으로 분주히 일하는 것.

이 모든 삶의 일상은 그냥 흘려보내기에 너무 아까운 축복들입니다.

당신은 자신의 인생을 얼마나 누리고 있습니까? 흘려보내기에 너무 아까운 일상의 축복을 진짜 축복으로 받고 있습니까? 스스로에게 질문해보십시오. 얼마나 온전히 살고 있습니까? 많은 사람들이 숨을 쉬고는 있지만 진정한 의미에서 살아있지 않은 것 같다는 안타까운 느낌이 들 때가 있습니다. 기독교 사회학자인 토니 콤폴로(Tony Compolo)는 실존주의 수업을 듣기 위해 온 자신의 학생들에게 "여러분은 얼마나 오래 살았습니까?"라는 질문을 언제나 첫 질문으로 던진다고 합니다. 그가 말한 바는 그냥 생물학적으로 존재하고 있었던 기간을 의미하지 않습니다. 그는 학생들이 참으로 사는 것처럼 얼마나 살았는지 궁금해 했던 것입니다.

이쯤에서 잠시 하나님을 생각해봅니다. 그분은 우리에게 이 소중하고 경이로운 인생을 선물로 주신 존재로 제가 믿는 분입니다. (저는 그 믿음이 생명의 기원에 대한 다른 이론들보다 더 합리적이며 저의 인생을 훨씬 더 의미 있게 만든다고 생각합니다.) 혹시 알고 계시나요? 생명의 관대한 공급자이신 하나님은 우리가 이 삶을 충분히 누리기를 원하십니다. 많은 사람들은 별다른 근거도 없이 하나님이 우리에게 화가 나 있거나 인색할 것이라고 잘못 생각합니다. 그러나 그것보다 더 큰 오해도 없습니다. 야고보 사도가 묘사

한 것처럼 하나님은 우리에게 "모든 것을 후히 주셔서 누리게 하시는" 관대한 분이십니다. 그런 그분을 우리 인생에 포함시키면 그만큼 삶은 더 풍성하게 되겠지요.

참으로 살아있기 위해 우리는 하나님을 내 인생에 초청할 뿐 아니라 내게 주어진 순간순간에 충실해야 합니다. 마음을 활짝 열고 하나님과 그분이 만드신 세상에 경이로 화답해야 합니다. 사람이든, 일이든 열정을 갖고 대해야 합니다. 덴마크의 실존주의 철학자인 죄렌 키르케고르는 "이 시대는 죄 때문이 아니라 열정의 결여로 인해 죽게 될 것이다"라고 말한 바 있습니다.

까르페 디엠!(Seize the day!) 우리에게 주어진 날을 붙들라는 라틴어입니다. 그 말처럼 우리는 열정을 다하여 주어진 시간을 붙들어야 합니다. 과거에 안주하지 말고 허황된 미래의 백일몽에 빠지지도 말고 현재에 충실해야 합니다. 엘리노어 루즈벨트 여사가 말한 것처럼 "어제는 역사(history)이고 내일은 신비(mystery)이지만 오늘은 선물(present)입니다." 영어로 현재(present)와 선물(present)이 같은 단어인 것은 우연이 아니라는 생각입니다. 하나님께서 주신 오늘이라는 이 소중한 선물을 붙드십시오. 그리고 온 마음을 다하여 그것을 속속들이 누리십시오. 물론 그 선물을 주신 분께 감사하면서, 그분의 사랑과 은혜를 깊이 헤아리면서 그렇게 하십시오. 그럴 때 우리는 진짜 사는 것처럼 살게 될 것입니다.

마음의 선율을 울리는 말

"저는 태어날 때부터 장님입니다."

이 말이 쓰인 팻말을 목에 걸고 프랑스 파리의 미라보 다리 위에서 한 장님이 구걸을 하고 있었습니다. 근처를 지나가던 한 행인이 그 걸인에게 이렇게 해서 얻는 액수가 하루에 얼마나 되느냐고 물었습니다. 그러자 그 걸인은 다소 침통한 목소리로 겨우 10프랑 정도밖에 되지 않는다고 대답했습니다.

그 말을 들은 행인은 고개를 끄덕인 후 걸인의 목에 걸려있는 팻말의 뒤편에 다른 어떤 말을 적었습니다. 그리고는 팻말을 뒤집어 맹인의 목에 걸어주고 길을 갔습니다.

그로부터 약 한 달 후, 그 행인이 그곳에 다시 나타났습니다. 그는 자신이 한 달 전쯤에 수입을 물어봤던 사람이라면서 요즘은 어떠냐고 질문했습니다. 걸인은 행인의 손을 붙잡고 감격해하면서 말했습니다.

"참으로 고맙습니다. 선생님께서 다녀가신 뒤 요사이는 50프랑까지 수입이 오르니 대체 어떻게 된 연유인지 모르겠습니다. 도대체 무슨 말을 써 놓았기에 이런 일이 생기는 것입니까?"

그러자 행인은 빙그레 웃으며 이렇게 대답했습니다.

"별건 아닙니다. 원래 당신의 팻말에 쓰여 있었던 '저는 태어날 때부터 장님입니다' 라는 말 대신에 '봄이 오건만 저는 그것을 볼 수가 없답니다!' 라고 써놓았을 뿐이죠."

프랑스의 시인 로제 카이유(Roger Caillois)가 소개한 이 이야기는 우리가 어떤 말을 쓰느냐에 따라 전혀 다른 결과가 올 수 있다는 사실을 잘 보여주고 있습니다. '태어날 때부터 장님'이라는 무미건조한 말로는 사람들에게 아무 감동도 주지 못했지만 만물이 소생하는 아름다운 봄을 볼 수 없다는 말은 사람들의 마음속에 그림을 떠오르게 했고 그들에게 상상의 날개를 달아주었던 것입니다. 그것은 그 글귀를 읽는 사람들의 마음을 움직였고 따라서 그들의 동정심을 자극할 수 있었던 것이죠.

저는 직업상 말을 많이 하면서 사는 사람입니다. 설교, 리더십 또는 성경과 같은 주제로 세미나를 할 때엔 때로 아침 9시부터 저녁 6시까지 계속 말을 해야 하는 경우도 있습니다. 물론 질문을 듣거나 쉬는 시간을 제외하고는 말이죠. 그래서 더 말하는데 신경을 쓰게 됩니다. 제가 쏟아놓는 그 많은 말들 가운데 사람들의 마음을 움직이고 상상력을 자극하는 말은 얼마나 되는지 돌아봅니다. 혹시 부주의한 말로 오해를 불러일으키지는 않았는지, 부정적이고 날카로운 말로 상처를 주지는 않았는지, 구태의연하고 상투적인 말로 감동은커녕 권태감을 유발하지는 않았는지 신경이 많이 쓰입니다.

특별히 리더들은 더 말에 신경을 써야 합니다. 탁월한 지도자 빌 하이블즈(Bill Hybels)는 리더가 어떤 표현을 쓰느냐에 따라 흥하기도 하고 망하기도 한다면서 언어의 중요성을 강조합니다. 그는 교회의 구제사역을 시작하면서 단순히 하품만 나오게 하는 "도와주자"라는 말 대신에 "깨어진 세상에 전무후무할 만큼 엄청난 긍휼의 마음을 쏟아 붓자"라고 말하여 폭발적인 반응을 얻어낸 사례를 나누면서 '전무후무'라든지 '쏟아 붓자'와 같은 단어를 세심하게 고른 덕에 교인들의 심금, 즉 마음의 선율을 울릴 수 있었다고 간증합니다. 그는 개인적으로 중요한 대화가 있을 때에도 만남 장소에 가기 전에 자신의 생각을 일지에 적어보는 훈련을 한다고 합니다. 부모로서, 누군가의 선배나 멘토로서, 그리고 직장의 리더로서 우리는 상상력을 사로잡고 영감을 주며 의식을 고양시키는 단어와 표현들을 찾기 위한 노력을 얼마나 하고 있는지 스스로 질문해볼 필요가 있습니다.

이제 자신의 언어생활을 한 번 돌이켜보십시오. 일상의 삶 가운데서 쓰는 내 말들은 어떤 것인지 한 번 살펴보라는 말입니다. 같은 내용이라도 보다 맛깔스럽고 가슴에 와 닿으며 은혜를 끼치는 말들을 하면서 살면 얼마나 좋을까요? 사도 바울은 골로새 교회에 보내는 편지에서 "여러분의 말은 소금으로 맛을 내어 언제나 은혜가 넘쳐야 합니다(골 4:6)"라고 권면합니다. 소금이 적절히 들어가서 맛을 낸 맛깔스런 음식에 대해 생각해보십시오. 생각만 해도 군침이 돌지 않습니까? 그런 말을 하라는 것입니다. 그러기 위해선 그 말을 만들어내는 우리 마음부터 잘 가꾸어야 하겠지요. 친구와 이웃들의 마음에 잔잔한 울림을 남기는 우리의 말, 그리고 그보다 더 큰 감동을 주는 우리의 삶이 되기를 온 마음 다해 기도합니다.

삶은 작은 것으로 이루어지네

휴가가 끝나 갑니다. 그래서 그런지 아내와 식탁에 마주 앉아 이런저런 이야기를 나누면서 한가로이 차를 마시는 시간이 더욱 소중하게 느껴집니다. 외출했다 돌아온 딸아이는 마룻바닥에 배를 깔고 누워서 책을 읽고 있습니다. 기분이 좋으면 조금 있다 엄마에게 다가와 뽀뽀를 한 번 해주고 자기 방으로 들어갈지 모릅니다. 오후에는 미국에 있는 아들 녀석의 소식이 궁금하다며 아내가 전화를 걸겠죠. 대단한 것은 아무 것도 없습니다. 신문에 날 만하거나 사람들의 주목을 끌만한 일은 정말 없습니다. 그러나 이런 작은 것들이 저의 삶을 구성하고 저는 이런 것들을 사랑합니다.

세월이 갈수록 작은 것들의 소중함을 더 느끼게 됩니다. 큰 것은 작은 것들이 모여 큰 것이 되지 처음부터 크게 되어 삶에 다가오는 것은 아주 드문 일입니다. 적어도 저의 경우는 그렇습니다. 문득 달라스 신학대학원의 한 졸업식에서 들었던 권면이 생각납니다. 강사였던 짐 그레이엄(Jim Graham) 목사는 당시 40대 후반의 촉망받는 영적 지도자였는데 졸업식장을 가득 메운 학생들과 청중들에게 "작은 것을 무시하지 말라"고 충고했습니다. 학교를 갓 졸업한 신학생들은 특별한 경우가 아니면 그리 '큰일'을 맡지 못합니다. 이를 너무도 잘 알기에 그는 그런 권면을 했을 것입니다. 작은 일에 충실하지 못한 사람은 결코 큰일을 맡을 수 없다고 그는 힘주어 말했습니다.

사실 우리 삶을 변화시키는 것도 따지고 보면 작은 것에서 시작됩니다. 아침에 잠깐 시간을 내어 좋은 책 몇 페이지를 읽거나 크리스천의 경우엔 성경 묵상과 함께 기도를 하는 등의 습관은 자기도 모르는 사이 우리의 영혼을 강하게 할 것입니다. 제가 인도했던 소그룹의 구성원들은 언젠가 삶의 변화를 위해 작은 결심들을 한 적이 있었는데 아직 신앙의 연륜이 얼마 되지 않는 한 형제는 매일 자기 전에 잠언 한 장씩을 읽겠다고 했습니다. 아무리 천천히 읽어도 그것은 3분이 채 걸리지 않을 것입니다. 읽은 내용에 대해 잠깐 묵상하고 기도한다 해도 10분이면 족할 것입니다. 그러나 그 10분의 위력은 그의 성품개발에서 결코 과소평가할 수 없으리라고 생각합니다.

다른 사람들과의 관계에서도 마찬가지입니다. 우리는 무언가 대단한 어떤 일을 해야 영향력을 끼칠 것이라고 생각합니다. 그러나 작은 것들, 이를테면 누군가의 생일을 기억하고 예쁜 전자카드를 보내주는 것, 줄을 서서 기다릴 때 배우자의 손을 살며시 잡아주거나 상대방의 머리카락을 넘겨주는 것, 자녀를 잠자리에 누이며 기도해 주는 것, 낙심한 친구를 만나 커피 한 잔을 사주며 그의 말을 들어주는 것과 같은 사소한 배려가 생각지 않게 큰 영향을 줄 수 있습니다.

몇 년 전 한국에 소개된 베스트셀러 「축복의 언어」에 나오는 한 이야기는 이 사실을 잘 보여줍니다. 뉴욕타임즈에서 근무하던 한 기자가 마릴린 먼로(Marylin Monroe)를 인터뷰했다고 합니다. 그 기자는 먼로가 어린 시절에 입양아가 되어 이집 저집을 떠돌아다닌 사실을 이미 알고 있었습니다. 그는 마릴린에게 물었습니다.

"당신이 입양아가 되어 함께 살았던 가족 중에서 누군가에게 사랑받고 있다는 생각을 해 본 적이 있나요?"

그녀는 이렇게 대답했습니다.

"딱 한 번, 그때 내가 7-8세쯤 되었을 거라고 생각해요. 함께 살던 아주머니가 화장을 하고 있었는데 기분이 상당히 좋았나 봐요. 나는 신기한 눈빛으로 화장하는 모습을 지켜보고 있었지요. 그러자 아주머니는 내 양쪽 뺨을 두드리면서 파우더를 바르고 립스틱을 발라주었어요. 순간 나는 사랑받고 있다는 생각이 들었어요."

마릴린 먼로는 어린 시절의 이 사건을 기억하면서 눈물을 흘렸다고 합니다. 오래 전에 일어났던 몇 초간의 일이 그녀의 머리에 지울 수 없는 사랑의 기억으로 남았던 것입니다.

메리 R. 하트먼(Mary R. Hartman)이라는 여류시인이 쓴 '삶은 작은 것들로 이루어졌네' 라는 다음의 시는 우리 삶에서 작은 것들이 차지하는 역할을 따뜻하게 묘사합니다.

> 삶은 작은 것들로 이루어졌네
> 의무감에서 나온 위대한 희생이 아니라
> 미소와 위로의 말 한마디가
> 우리 삶을 아름다움으로 채우네 (중략)

그렇습니다. 미소와 위로의 말 한 마디 같은 작은 것이 메마르고 각박하기 쉬운 우리의 삶을 아름다움으로 채웁니다. 언젠가 인터넷을 통해 알려져 큰 화제가 되었던 일이 기억납니다. 그것은 중국 총리였던 원자바오가 산둥성 일대의 농가를 방문하면서 11년 전에 입었던 허름한 겨울 점퍼를 입은 일이었습니다. 이로 인해 수많은 중국인들이 감동했는데 흥분한 한 네티즌은 이에 대해 "작은 것이 그의 위대한 인격을 보여주었다"는 댓글을 달았다고 했습니다. 확실히 작은 것은 우리를 감동시키며 우리의 삶을 아름답게 합니다.

그러나 작은 것의 위력은 거기서 그치지 않습니다. 크리스천의 경우, 우리는 그런 작은 것으로 만왕의 왕 되신 우리 주님을 섬깁니다. 예수님은 우리의 '형제' 가운데 가장 보잘 것 없는 자들에게 우리가 행한 작은 친절이 바로 주님 자신에게 한 일이라고 말씀하셨습니다. 그분은 소자에게 건넨 냉수 한 그릇도 결단코 상을 잃지 않을 것이라고 굳게 약속하셨습니다. 언젠가 세상이 새롭게 되고 그분이 하나님 나라의 보좌에 앉게 될 때 그분은 삶의 작은 일들에 대해 신실했던 자기 자녀들에게 이렇게 말씀하실 것입니다.

"잘 하였구나. 착하고 신실한 종아. 네가 적은 것에 최선을 다했으니 내가 훨씬 더 많은 것을 너에게 맡기겠다. 주인과 함께 기쁨을 누리자꾸나."

작은 것을 무시하지 맙시다. 분에 넘치는 대단한 것을 생각하며 해야 할 일을 미루거나 백일몽만 꾸고 있지 말고 자기가 할 수 있는 일을 열정적으로 수행합시다. 큰 비전을 떠들어대면서 현실을 부정하거나 불평만 하고 있지 말고 지금 내게 주어진 일에 책임을 다합시다. 작은 절제, 작은 배려와 친절, 작은 섬김, 이런 것들에 신실하도록 합시다. 그런 작은 것들이 모여 큰 것을 이루게 될 것입니다. 기억하지 않겠습니까? 삶은 작은 것으로 이루어진다는 사실을 말입니다.

꿈을 심는 하나님

한 야위고 껑충한 다리를 가진 흑인 아이가 있었습니다. 그 아이는 가난했고 인종차별을 받았으며 아무 내세울 것도 없는 그런 아이였습니다. 어느 날 그는 자기 동네 고등학교에서 찰리 패독(Charlie Paddock)이라는 올림픽 영웅의 연설을 들었습니다. 패독은 "바로 이 강당 안에 미래의 올림픽 챔피언이 있을는지 누가 알 수 있겠습니까?"라고 말했습니다. 그의 말은 이 흑인 아이의 마음을 뒤흔들어 놓았습니다.

그 아이는 연설이 끝난 후 패독에게 다가가 몹시도 수줍어하며 말했습니다.

"제가 미래의 어느 날엔가 최고의 달리기 선수가 될 수 있을까요? 그렇다면 저는 그 일을 위해 제 모든 것을 다 바치겠습니다."

패독은 그에게 열정적으로 대답했습니다.

"될 수 있고말고! 네가 그것을 목표로 삼고 그 일에 모든 것을 쏟아 붓는다면 분명 넌 그렇게 될 수 있어!"

그날 그 가난하고 야윈 흑인 아이는 최고의 달리기 선수가 되겠다는 꿈을 가졌습니다. 그리고 자신이 말한 것처럼 그 꿈을 위해 자신의 모든 것을 바치기 시작했습니다.

1936년 뮌헨 올림픽에서 그 흑인 아이, 제시 오웬스(Jesse Owens)는 육상 세계기록을 갱신하고 금메달을 따냈습니다. 당시 독일의 권력자였던 아돌프 히틀러는 그의 놀라운 경주를 지켜보고는 노발

대발했다고 합니다. 오웬스가 이룬 꿈의 성취만큼 히틀러가 가졌던 아리안 족의 우월성이라는 환상을 산산조각 낸 것은 아마 없었을 것입니다.

올림픽 금메달리스트로서 제시 오웬스가 고향에 돌아왔을 때 사람들은 그를 열렬히 환영했습니다. 그날 껑충한 다리를 가진 또 다른 한 흑인 소년이 사람들 틈을 헤치고 제시에게 다가와 말했습니다.

"저도 커서 언젠가는 꼭 올림픽 출전 달리기 선수가 되고 싶습니다."

제시는 옛날 일을 떠올리며 그 소년의 손을 꼭 쥐고는 말했습니다.

"애야, 큰 꿈을 가져라. 큰 꿈을 가져! 그리고 거기다 네가 가진 모든 것을 쏟아 부어라."

그날 또 한 아이의 마음속에 꿈이 심어졌습니다. 그리고 1948년에 이 흑인 소년 해리슨 딜라드(Harrison Dillard) 또한 런던 올림픽에서 금메달리스트가 되었습니다.

이제 성경에 있는 꿈 이야기를 한 번 들여다볼까요? 성경의 맨처음 책인 창세기에 보면 팔레스타인 지역에 이민 온 이민자 3세의 가정 이야기가 나옵니다. 하나님께서는 아들이 12명이나 되는 그 가정의 한 아이에게 패독과 오웬스가 흑인 아이들에게 했던 것과 비슷한 일을 하셨습니다. 하나님은 요셉이라는 한 아이에게 꿈을 주셨습니다. 그 꿈은 그 아이의 마음에 깊이 심겨졌습니다.

역기능적인 가정에서 12명이나 되는 형제에 부대끼던 그 아이는 형들에게 배신당하고 타국에 종으로 팔려가는 등 갖은 난관을 당합니다. 자신을 종으로 샀던 이집트 경호실장의 집에서는 그 집 여주인의 유혹을 받았는데 믿음 때문에 이를 거절했다가 감옥에까지 떨어집니다. 인생이 안 풀려도 그렇게 안 풀릴 수가 없습니다. 하나님을 원망하고 모든 것을 포기하기에 딱 좋은 상황이었습니다.

그러나 그 모든 어려움 가운데서 그를 지켜준 것은 하나님께서 그 마음에 심어주셨던 꿈이었습니다. 그는 그 꿈을 붙들고 인내하며 난관들을 이겨냈습니다. 기구한 듯 보이는 자신의 인생에는 하나님의 목적이 있다고 믿었습니다. 결국 그는 당시 최강대국 이집트의 총리가 되었으며 자기 민족을 죽음에서 구함으로써 하나님이 심어주신 꿈을 이루었습니다.

하나님께서는 당신에게도 같은 일을 하기 원하십니다. 지금 당신의 상황이 어떠하든 관계가 없습니다. 아직 하나님을 잘 알지 못한다면 마음의 눈을 열어 하나님을 보게 해 달라고 기도하십시오. 하나님께서 당신 자신을 드러내실 것입니다. 그리고 각 사람을 위해 품고 계시는 꿈 주머니를 푸실 것입니다. 그러므로 하나님께 하나님 자신을 구하는 것과 함께 그분이 당신을 위해 디자인하신 꿈을 구하십시오. 어린 소녀의 백일몽 같은 꿈이 아니라 인생의 문제와 난관에서도 당신을 지켜줄 위대한 꿈을 구하십시오. 하늘을 감동시키고 많은 사람들을 유익하게 하는 그런 꿈을 구하십시오. 그리고 그 꿈을 위해 모든 것을 바치십시오. 그 꿈을 위해 먹고 마시며 그 꿈을 위해 잠자고 일하며 공부하십시오. 그 꿈을 생각하면서 유혹과 시험도 물리치십시오. 당신에게 꿈을 주시고 때론 이해할 수 없는 과정을 통해 꿈의 성취로 당신을 인도하실 하나님을 신뢰하며 그분의 도움과 지혜와 능력을 구하며 그분과 동행하십시오. 꼭 그렇게 하십시오. 그러면 당신도 오웬스나 딜라드나 요셉처럼, 언젠가 그 꿈이 이루어지는 것을 보게 될 줄로 믿습니다. 그리고 더 나아가 누군가에게 하나님의 꿈을 심어주는 중개인의 역할까지 하게 될 것입니다. 하나님의 기쁨과 더 나은 세상의 건설을 위해 뚜벅뚜벅 꿈을 향해 나아가며 누군가에게 하나님의 위대한 꿈을 심는 그런 삶이 되었으면 좋겠습니다. 정말 그러면 좋겠습니다.

속삭임 테스트

비틀즈는 1967년 전 세계에 방영된 텔레비전 공연에서 아름다운 관현악의 선율과 함께 '당신께 필요한 전부는 사랑입니다(All you need is love)' 라는 노래를 불렀습니다. 이 노래는 그들의 앨범 'Magical Mystery Tour'에 수록되었고 빌보드 차트의 1위에 오르기도 했습니다. 이 노래를 들어보면 '사랑' 이라는 말과 '당신께 필요한 전부는 사랑입니다' 라는 문구가 반복되어 나옵니다. 마치 사랑에 심한 굶주림을 경험한 사람들의 부르짖음 같기도 하고 사랑의 전도사가 외치는 선포의 노래 같기도 합니다. 그들이 노래한 사랑의 의미가 무엇인가를 따지지 않겠습니다. 그저 '당신께 필요한 전부는 사랑입니다' 라는 말이 갈수록 더 큰 무게로 제게 다가옴을 고백하고 싶습니다. 우리 인간에게 사랑보다 더 큰 갈망이 있을까요? 사랑보다 더 우리를 움직이는 동력이 있을까요? 사랑이야말로 우리의 마음을 흔들고 우리의 삶을 뿌리부터 변화시킴을 깨닫게 됩니다. 비록 그것이 거창하거나 특별하지 않아도 진실 된 사랑의 표현은 엄청난 힘으로 우리의 영혼을 파고듭니다. 때로는 인생의 방향과 질을 통째로 바꿔놓기도 합니다. 여류작가 메리 앤 버드(Mary Ann Bird)가 어릴 때 경험했던 다음의 이야기는 그 사실을 너무 잘 보여줍니다.

메리는 언청이로 태어났습니다. 그녀는 입술이 찢어지고 코가 비뚤어졌으며 치열이 고르지 못하고 발음도 정확하게 하지 못하는 어린 소녀였습니다. 그녀는 자신이 다르다는 것을 알아나가면서 성장했습니다. 학교에 다니게 되었을 때 학교 친구들은 잔인하게도 그녀가 어떻게 생겼는지를 분명히 깨닫게 해주었습니다. 친구들이 "입술이 왜 그렇게 된 거야?" 라고 물으면 그녀는 넘어져서 유리조각에 다쳤다고 대답했습니다. 남과 다르게 태어났다는 것보다는 사고가 났다고 하는 편이 더 견디기 쉬웠다고 그녀는 말합니다. 그녀는 가족들 외에는 누구도 자신을 사랑할 수 없다고 믿었습니다.

메리가 2학년 때 담임을 맡았던 선생님은 레너드 부인이라는 분이셨는데 다들 그분을 좋아했습니다. 그 선생님은 키가 작고 통통하며 행복하고 활기가 넘치는 부인이었습니다. 매년마다 학생들은 듣기 평가를 받았습니다. 레너드 선생님은 학급의 모든 학생들을 불러 시험을 치렀고 드디어 메리의 차례가 되었습니다. '속삭임 테스트' 라고 불리는 그 테스트는 학생들이 문을 등지고 서서 한쪽 귀를 막고 서 있는 상태에서 진행이 되었습니다. 선생님이 자기 자리에 앉은 채 문 앞의 학생에게 어떤 문장을 작은 소리로 속삭여주면 학생들은 그것을 따라 말하는 테스트였습니다. 그 속삭임의 내용은 "하늘은 푸르다" 혹은 "너는 새 신을 가지고 있니?"와 같은 간단하고 일상적인 문장이었습니다. 메리도 그곳에 서서 선생님의 속삭임을 기다리고 있었습니다. 그때 선생님이 속삭여 준 그 짧은 문장은 메리의 인생 전체를 변화시켰다고 그녀는 말합니다. 레너드 선생님은 왕따를 당하던 언청이 소녀에게 이렇게 말했습니다.

"네가 내 딸이었으면 좋겠다!"

그 부드러운 속삭임은 한 가련한 어린 소녀의 가치를 말로 표현할 수 없이 높여주었고 그동안 받았던 여러 상처로 엉망이 된 그 작은 마음을 마술처럼 고쳐주었습니다.

이 이야기를 읽으면서 어떤 생각이 떠오르시나요? 저는 그 선생님의 속삭임이 예수님의 십자가를 통해 하나님께서 우리에게 속삭이시는 소리처럼 여겨졌습니다.

"네가 내 딸이었으면 좋겠다!"

"네가 내 아들이었으면 좋겠다!"

혹시 열등감이나 살면서 받았던 많은 상처로 인해 아무도 자신을 진심으로 사랑할 수 없다고 생각합니까? 스스로를 영적, 사회적 언청이처럼 여기며 위축되어 있습니까? 직장의 상사나 심지어는 자신을 낳아준 부모님으로부터도 제대로 된 대우를 받은 적이 없어 하나님의 아들딸이라는 말이 너무 비현실적으로 들립니까? 그러나 하나님은 당신을 귀하게 생각하시며 "네가 내 딸, 아들이었으면 좋겠다"라고 속삭이십니다. 사람들은 당신의 약점에 주목하며 당신을 차별하거나 이용하려 하지만 하나님은 당신을 사랑하시며 당신을 세워주시기 원하십니다. 그분의 속삭임에 귀를 기울이십시오. 그 속삭임은 자연세계의 은총과 일상의 사건들, 주변의 사람들을 통해 올 수 있습니다. 그러나 그것은 무엇보다도 예수 그리스도의 십자가 복음과 성경 말씀을 통해 당신의 귀에 가장 선명하게 울릴 것입니다. 성경전체의 메시지를 한절로 요약했다는 평을 듣는 요한

복음 3장 16절의 말씀은 이렇습니다. "하나님께서 세상[당신]을 이처럼 사랑하셔서 외아들[예수님]을 주셨으니 이는 그를 믿는 사람마다 멸망하지 않고 영생을 얻게 하려는 것이다." 이것이 하나님의 마음입니다. 그리고 그분은 그 사랑의 마음으로 당신에게 속삭이십니다.

"내 사랑을 받아들이고 내 자녀가 되지 않으련? 나는 너를 자녀로 삼고 네게 영생을 주기 위해 나의 가장 귀한 아들 예수를 주었단다. 네가 내 자녀가 되면 정말 좋겠구나!"

그 속삭임을 마음으로 듣기 바랍니다. 레너드 선생님이 했던 작은 사랑의 속삭임이 가련한 언청이 아이를 훌륭한 여류작가로 변화시켰듯이 하나님의 부드러운 속삭임이 당신을 영원히 변화시키고 당신의 삶을 확연히 업그레이드할지 누가 알겠습니까?

비우면 향기롭다

　수년전 저희 아들이 고등학생 때의 일입니다. 멋을 내는 일에 슬슬 신경을 쓰더니 급기야 향수를 뿌리기 시작했습니다. 얼마나 향수를 뿌려대는지 그 아이의 방에는 아예 향수냄새가 배어있었습니다. 외출할 때도 가방에 향수를 넣고 다닐 정도였습니다. 한 번은 화장실에 들어갔더니 향수냄새가 코를 찔렀습니다. 아들이 아침에 향수를 뿌리고 간 것입니다. 선반에 낯선 알루미늄 용기가 있어서 보았더니 향수 통이었습니다. 호기심으로 스프레이의 노즐 끝부분을 한 번 눌러보았더니 그냥 쉬 소리만 나고 아무 것도 나오지 않았습니다. 빈 통이었던 것이죠. 그 빈 향수 통을 누르면서 저는 생각했습니다. '이 향수 통은 자기를 비워 주위를 향기롭게 하는구나! 그렇구나! 비우니 향기롭구나!'

　일전에, 주로 목회자들을 상대로 사역을 하는 한 목사님과 식사를 하며 대화하는 기회가 있었습니다. 그분은 특유의 직선적인 스타일로 목회자들 가운데 '괴물' 들이 제법 있다고 했습니다. 언제나 대접만 받고, 자기를 좋아하거나 칭송하는 사람들과만 어울리고, 권위를 내세우면서 불편한 말은 안 들으려 하다 보니 스스로도 모르는 사이 '괴상한 동물' 이 되었다는 것입니다. 이들은 자기 자신으로 가득 차 있고 자신의 지위와 특권을 누리고 지키는데 모든 관심이 쏠려 있는 사람들이라고 했습니다. 자기를 비우지 못해 악취를 풍기는 인생이 된 것입니다. (물론 이런 괴물같은 목회자들 보다는 그렇지 않은 분들이 훨씬 더 많습니다. 그리고 또 하나, 이런 괴물들은 우리 사회의 모든 영역과 직종에 다 있습니다. 조심해야 할 것은 나도 모르는 사이에 내가 그 괴물이 될 수도 있습니다.)

그러나 예수님은 달랐습니다. 그분은 괴물 같은 목회자들보다 텅 빈 향수통을 닮은 분입니다. 그분은 하나님의 아들이었지만 자기를 비워 당신께서 마땅히 누릴 수 있는 모든 기득권을 포기하셨습니다. 종처럼 아니 종보다도 못하게 짐승의 구유에서 태어나 가난한 목수의 아들로 사셨고 그 어떤 타이틀도, 지위도, 부도 구하지 않았습니다. 자신만의 사무실을 가지거나 스태프를 거느리지 않았습니다. 한 푼의 재산도 남기지 않으셨고 자기 이름으로 된 책 한 권 쓰신 적도 없습니다. 오히려 자신의 목숨까지, 자신의 몸과 피까지도 우리 인간을 위해 주시는 나눔과 비움의 삶을 사셨습니다. 바울은 빌립보 교회에 보낸 자신의 편지에서 예수님의 자기 비움을 이렇게 묘사했습니다.

"그분은 하나님의 모습을 지니셨으나 하나님과 동등함을 당연하게 생각하지 않으시고 오히려 자기를 비워서 종의 모습을 취하시고 사람과 같이 되셨습니다. 그는 사람의 모양으로 나타나셔서 자기를 낮추시고 죽기까지 순종하셨으니 곧 십자가에 죽기까지 하셨습니다"(빌 2:6-8, 새번역).

바울 사도는 예수님이 하나님과 본질적으로 동동한 분이시지만 자기를 비웠다고 말합니다. 이 세상의 그 어떤 향수보다, 그 어떤 꽃보다 더 아름다운 그분의 향기는 이 철저한 자기 비움에서 나온 것입니다.

오늘날 우리는 욕심의 종이 되어서 사는 경우가 너무 많습니다. 자꾸만 더 가지려 하고 더 모으려 합니다. 그러나 그런 삶은 만족을 모를 뿐 아니라 향기를 낼 수도 없습니다. 오히려 탐욕과 이기심의 악취가 흘러나올 뿐입니다. 물을 받기만 하고 흘러 보내지는 않는 팔레스타인의 사해처럼 비움이 없는 곳에서는 생명이 살 수도 없습니다.

자기를 비우는 것은 손해인 것 같지만 사실은 유익입니다. 빈자리가 있어야 바람이 지나갈 수 있지 않겠습니까? 하나님께서 일으키시는 성령의 바람도 예외가 아닙니다. 아무리 창의적이고 강력한 성령의 바람도 여백이 없으면 불지 않습니다. 묵은 잎이 떨어져야 새잎이 돋아나듯이 우리의 영성도 버림과 비움을 통해 새로운 차원의 은총을 경험할 수 있게 되는 것입니다. 그래서 과감히 안전지대를 떠나고 자기를 그 욕심에서 비운 자들의 영혼이 그처럼 푸른색으로 빛나는 것이며 그들의 자취에서 그처럼 향기로운 냄새가 나는 것입니다. 한 작가의 말처럼 그러므로 버리고 비우는 일은 '결코 소극적인 삶이 아니라 지혜로운 삶의 모습' 입니다. 그것은 새것을 들어서게 만드는 과정이요 '새로운 삶으로 열리는 통로' 입니다.

제 인생에서 새로운 바람이 지나갈 수 있도록 욕심을 버리고 기득권을 내려놓으며 마음을 비워야겠다고 생각합니다. 제 안에 가득 차 있는 고정관념과 편견, 아집과 구태도 벗어버려야 되겠습니다. 무잇보나도 세 마음의 숭심에 왕처럼 버티고 앉아 있는 제 자아를 그 자리에서 쫓아내고 그 소중한 자리를 비워놓아야 하겠습니다. 그래야 제대로 된 왕이 다스릴 수 있을 테니까요. 당신도 그러지 않겠습니까? 비울 것을 비우고 내려놓을 것을 내려놓을 때 거기서 아름다운 향기가 흘러나옵니다. 그럴 때 하나님도 우리를 새로운 활력과 성장과 축복으로 채워주실 것입니다.

열어놓은 창문을 통해 순한 바람이 춤추며 들어와 얼굴을 부드럽게 쓰다듬습니다. 눈을 감고 바람의 손길에 저를 맡기며 문득 봄 향기를 맡습니다. 누군가가 계절의 거대한 향수 통을 눌러 스프레이한 것이 틀림없습니다. 시간이 흘러 계절이 깊어갈수록 이 봄은 이처럼 자기를 비우며 점점 향기로워질 것입니다. 제 인생도, 그리고 당신의 것도 그럴 수 있으면 정말 좋겠습니다.

Part 3

영원에 눈뜨게 하는 만남

우주가 저절로 생겼다구요?

언젠가 교회 식구들과 함께 심방을 다녀오면서 분당의 고기리란 곳에서 점심식사를 했습니다. 포장도 되지 않은 길을 따라 깊숙이 들어앉은 식당에는 나무들이 많았는데 강렬한 원색의 단풍들과 바람에 툭 떨어지는 낙엽들은 우리로 하여금 가을의 아름다움을 만끽하도록 했습니다. 마치 세상이 형형색색의 새 옷을 갈아입고 그 자태를 뽐내거나 가볍게 춤을 추는 것 같은 느낌을 받았습니다.

자연은 참 아름답습니다. 그 아름다움을 묘사하기에는 우리의 말이 부족할 정도입니다. 사실 그때 우리가 본 모습은 온 천지에 펼쳐져 있는 자연의 아름다움에 비하면 아무 것도 아닙니다. 지금 설악산이나 단양팔경, 중국의 장자제(張家界) 등지에 있는 관광객들은 이 말이 무슨 뜻인지 실감하고 있을 것입니다. 곳곳에서 마주치는 자연의 아름다움은 우리의 숨을 멎게 할 정도이며 임마누엘 칸트가 고백한 것처럼 우리의 "영혼을 거룩한 경외감과 끊이지 않는 놀라움으로 가득" 채울 정도입니다.

우리를 놀라게 하는 것은 그러나 자연의 아름다움만이 아닙니다. 자연의 광대함 또한 우리의 영혼을 거룩한 경외감과 끊이지 않는 놀라움으로 가득 채웁니다. 저는 미국 유학시절 옐로우스톤 국립공원이나 나이아가라 폭포 앞에서 그 스케일에 놀라 어안이 벙벙했던 적이 있었습니다. 그러나 그것은 지구의 한 작은 부분, 지구본으로 표시하면 하나의 점에 불과합니다. 그만큼 지구가 크다는 말입니다. 그런데 그처럼 큰 지구도 우주와 비교하면 없는 것과 마찬가지입니다. 우주의 크기는 실로 우리의 상상을 초월합니다. 과학자들은 우리 은하계에 약 4천억 개의 별이 있을 것이라고 추정합니다. 그리고 각각 적어도 백억 개 이상의 별을 가지고 있는 은하계가 백억 개 넘게 있을 것이라고 추정합니다. 더욱 놀라운 사실은 그처럼 광대한 우주가 오묘한 질서 가운데 마치 시계처럼 정교하게 돌아간다는 것입니다.

이 광대하면서도 정교한 질서와 아름다움을 드러내는 우주는 어떻게 생겨났을까요? 어떤 사람들은 우주가 저절로 생겼다고 믿습니다. 그러나 과연 그럴까요? 상식적으로 모든 디자인은 그 디자인을 설계한 지적 설계자의 존재를 암시합니다. 어떤 물건의 디자인이 정교하면 할수록, 그리고 그것의 규모가 크면 클수록 우리는 그것이 매우 지적인 누군가에 의해 분명한 목적을 가지고 만들어졌음을 기정 사실화합니다. 아무도 미끄러지듯 달리는 최신형 벤츠를 보며 그것이 저절로 만들어졌다고 말하지는 않을 것입니다. 그 누구도 태평양을 굽어보며 서 있는 게티 미술관의 웅장한 아름다움을 보며 "아, 저건 그냥 저절로 있게 된 거라고!"라는 식의 말을 하지 않을 것입니다. 그렇게 주장하는 사람이 있다면 그는 정신이 온전하지 않거나 어떤 이유에서인지 억지를 펴고 있음이 분명합니다.

성경은 이 우주가 전지전능하신 최고의 지적 존재, 즉 하나님에 의해 창조되었다고 말합니다. 그래서 그 하나님의 스케일과 위엄과 탁월한 디자인 솜씨를 드러내고 있다는 것입니다. 시인인 다윗은 이를 이렇게 묘사하고 있습니다.

> "하늘이 하나님의 영광을 선포하고
>
> 궁창이 그 손으로 하신 일을 나타내는도다"(시 19:1).

하나님의 지문이 자연세계 곳곳에 묻어있다는 것입니다. 이 놀라운 우주를 디자인한 디자이너의 영광이 그 작품을 통해서 드러난다고 그는 노래합니다.

어떤 분들은 하나님에 의한 창조가 믿기 힘들다고 합니다. 이해가 안 가는 것은 아닙니다. 하나님은 눈에 보이는 존재가 아니며 우리의 좁은 생각을 초월해 계시기 때문에 믿기가 쉽지 않습니다. 그러나 저는 하나님을 배제하고 이 우주를 설명하려는 시도가 더 믿기 힘들다고 생각합니다. 그것은 이 놀라운 우주가 오랜 시간에 걸쳐 우연히, 아무 목적도 없이 저절로 생겼다고 주장하기 때문입니다. 어떻게 그럴 수가 있습니까? 수려한 디자인과 질서가 있는 이 우주가 어떻게 그냥 있을 수 있습니까? 무기물에서 단세포 하나가 저절로 생기는 것도 그 확률이 10의 14132승분의 1이라던데, 다시 말해 수학적으로 확률이 0이라는 말인데 이 모든 우주가 어떻게 그냥 생길 수 있습니까?

사실 논리적으로 따질 필요도 없습니다. 그냥 이 아름다운 계절에 삭막한 사무실이나 복잡한 도시의 회색 벽에만 갇혀 있지 말고 고궁이나 외곽으로 한 번 나가보십시오. 계절의 향기를 맡으며 신선한 공기를 들이키며 고혹적인 자태의 자연을 만나보십시오. 마음을 활짝 열고 그동안 잃어버렸던 경이감을 회복하며 생각해보기 바랍니다.

'이 자연은, 아니 이 우주는 어떻게 생겼을까?'

'왜 아무 것도 없는 대신 이 놀라운 자연세계가 내 눈 앞에 있는 것일까?'

'벤츠나 게티 미술관이 저절로 생기지 않고 가장 탁월한 디자이너에 의해 만들어졌다면 이 우주의 설계자는 누구일까?'

열린 마음으로 땅과 하늘을 바라보며 진지하게 생각해보십시오. 누가 압니까? 그 광활하고 아름다운 우주만물의 설계자를 만나 당신의 삶이 이 매력적인 계절처럼 변하게 될지…….

성경, 신화가 아닌가요?

최근에 《노아》라는 할리우드의 블록버스터 영화가 상영되면서 노아의 홍수에 대한 이야기가 뉴스에 한 번 나온 적이 있습니다. 그 영화는 성경에서 소재를 따왔지만 성경적인 영화라고 하기엔 무리가 있다고 생각합니다. 비평가들은 소재만 성경에서 따왔을 뿐 성경적인 사상을 담고 있지 않다고 지적합니다. 감독도 자기 영화에 대해 "최소한의 성경적 영화 (least biblical movie)"라고 했다죠. 어쨌든 그 영화와 관련하여 노아의 홍수에 대한 이야기를 아나운서가 하면서 이런 식의 언급을 했습니다.

> "이게 그냥 전설일까요? 전설이라고 하기에는 묘사가 너무 자세하고 구체적입니다. 예를 들어 언제 몇 월 며칠부터 비가 시작되어 며칠간 비가 내리고 노아의 방주가 다다른 산이 아라랏 산이라는 구체적 지명이 나옵니다. 그래서 지금도 방주 잔해를 찾기 위해 터키의 아라랏 산에 가는 탐험가들이 있습니다."

전설로 보기에는 너무 상세하고 구체적인 정보가 적혀 있다는 것입니다.

많은 사람들이 성경을 신화나 전설 정도로 생각합니다. 저도 예수님을 믿기 전에는 그런 식으로 생각했습니다. 그러나 성경은 전설이나 신화가 아니라 오히려 역사책에 가깝습니다. 성경에는 수많은 역사 이야기와 자세한 지명과 인명과 역사적 자료가 나와 있습니다. 신화와는 그 성격이 질적으로 다릅니다. 세계적인 문학평론가였던 C. S. 루이스(C. S. Lewis)도 성경의 복음서를 읽으면서 이렇게 지적했습니다. "나는 평생토록 시, 소설, 환상문학, 전설, 신화 등을 읽어왔다. 그들이 어떤 것인지 나는 잘 안다. 그런데 그 중 어느 것도 이 복음서 같지 않다." 성경의 문학적 형식이 전설이나 신화와는 전혀 다름을 간파한 것입니다.

성경이 얼마나 역사적인 상세사항에 신경을 쓰고 있는지를 보여주는 구절 하나만 소개할까요? 다음은 의사요, 역사가인 누가가 기록한 기록입니다.

> "디베료 황제가 왕위에 오른 지 열다섯째 해에 곧 본디오 빌라도가 총독으로 유대를 통치하고 헤롯이 분봉왕으로 갈릴리를 다스리고 그의 동생 빌립이 분봉왕으로 이두래와 드라고닛 지방을 다스리고 루사니아가 분봉왕으로 아빌레네를 다스리고 안나스와 가야바가 대제사장으로 있을 때에 하나님의 말씀이 광야에 있는 사가랴의 아들 요한에게 내렸다"(누가복음 3:1-2).

너무도 꼼꼼합니다. 그렇지 않은가요? 저는 그리 꼼꼼하지 못한 성격이라 이 기록이 참 놀랍게 느껴집니다. 우리 교회에서 동역하는 교역자들도 별로 꼼꼼하지 않은데 한 전도사님은 교회 홈페이지에 올린 제 설교에 설교자로 자기 이름을 써놓고도 모르고 있었습니다. 또 다른 한 전도사님은 오후에 퇴근하면서 제게 간다는 말노 없이 교회에서 나갔다가 뒤늦게 문자가 왔습니다. "생각에 잠겨서 그냥 나와 버렸어요. 죄송합니다." 그런데 누가는 엄청 꼼꼼하게 역사적 상세사항에 신경을 씁니다. 이 짧은 두 구절에 8명의 역사적 인물의 이름이 나오고, 5개의 지명이 나오며, 연대가 정확하게 설정되어 있습니다. 다 확인해볼 수 있는 자료입니다. 그가 왜이렇게 신경을 썼을까요? 누가는 예수님에 대한 이 기록이 그저 그옛날 전설의 고향과 같은 이야기가 아니라는 사실을 독자들이 알기원했기 때문입니다.

이러한 역사적 자료가 많기 때문에 성경에 나오는 수많은 정보들이 고고학적으로 발굴되었고 사실임이 밝혀졌습니다. 예를 들어성경에 보면 고레스라는 페르샤의 왕이 바벨론을 정복해서 유대인성전 재건을 허락하는 내용이 나옵니다. 많은 비평가들은 페르샤의 왕들이 얼마나 약아빠진 사람들인데 포로들을 놓아주고 종교적자유를 주었겠냐면서 성경의 정확성에 의문을 표했습니다. 그러나1879년, 지금의 이라크지역에서 길이 약 23cm의 원통이 발견된 후이런 주장은 쏙 들어가고 말았습니다. 고레스의 실린더라고 알려진이 원통은 현재 대영박물관에 소장되어 있는데 여기에는 이런 글이적혀있습니다.

"나는 고레스, 세계의 왕, 위대한 왕, 정정당당한 왕, 사방의
왕이며 -중략- 나는 오랫동안 황폐되어온 성소들과 그 안에 있

던 신상들을 티그리스 강 저편에 신성한 도성들로 귀환시켰으며 그들을 위하여 영구적인 성소들을 지어주었다. 이곳의 주민들을 모두 모아서 그들의 거주지로 귀환시켰다."

하나만 더 예를 들어볼까요? 사도들의 행적을 기록한 사도행전 18장 2절에 보면 글라우디오 황제가 모든 유대 사람에게 로마를 떠나라는 칙령을 내렸다는 기록이 나옵니다. 이게 과연 사실이었을까요? 1세기 로마의 역사가인 수에토니우스의 다음 기록은 이 구절의 자료가 정확함을 보여줍니다. "로마의 유대인들이 그리스도의 선동 아래 계속해서 문제를 일으켰기 때문에 글라우디오는 그들을 도시에서 추방했다."

이런 예들은 정말 빙산의 일각에 불과합니다. 고고학은 지금까지 이만오천 곳이 넘는 성경의 장소, 수만 명의 인물과 사건들에 대한 자료를 발굴했는데 뛰어난 고고학자 넬슨 글루엑(Nelson Glueck)이 증언한 것처럼 현재까지 단 한 건의 고고학 자료도 성경과 직접 모순된 것은 없었습니다.

몇 년 전, 뉴욕타임즈의 베스트셀러에 올랐던 「성경의 땅을 걷다(Walking the Bible)」라는 책을 낸 브루스 페일러(Bruce Feiler)라는 작가는 팔레스타인에 가서 직접 그 땅을 걸으며 연구를 한 사람입니다. 그는 네게브 대학의 교수이며 일류 고고학자인 엘리에저 오렌(Eliezer Oren)이라는 사람을 만나 고고학적 연구가 히브리 성경에 대한 그의 평가에 어떤 영향을 미쳤냐고 물었습니다. 오렌 교수는 젊었던 시절에는 반항적이었고 성경에 대해 부정적이었는데 고고학적 연구를 하면 할수록 성경에 대한 존경심을 갖게 되었다고 답했습니다. 그 대화가 끝나갈 무렵 브루스는 이런 질문을 합니다.

"고고학적 정확성이라는 측면에서 구약에 어떤 학점을 줄 수 있겠습니까?"

오렌 교수는 처음으로 미소를 지으며 "A++(A 플러스플러스)"라고 대답했다고 합니다.

그 사람만이 아닙니다. 옥스퍼드에서 박사학위를 한 윌리엄 램지(William Ramsey)라는 학자는 원래 무신론자였는데 단순히 학문적인 관심 때문에 예루살렘에서 사도행전에 대한 고고학적 연구를 25년간 한 후 "누가의 기록은 가장 세밀한 부분까지 완전 정확하다"고 말하면서 자신이 크리스천으로 회심했음을 발표하기도 했습니다.

성경은 전설이나 신화가 아닙니다. 그것은 역사적 사실을 기록한 책입니다. 아니 사실은 그 이상입니다. 그것은 우리 인생을 송두리째 바꿔놓을 수 있는 진리의 말씀입니다. 어거스틴(Augustine)이라는 이름을 들어보았나요? 그는 플라톤을 연구하는 젊은 학자였지만 육체의 욕망을 이기지 못하고 부도덕한 삶을 살았습니다. 어느 날, 자신의 성적인 문제와 학문으로도 채울 수 없는 영혼의 공허함으로 고민하고 있을 때였습니다. 그런데 담장 너머에서 "집어 들고 읽어라"는 아이들의 놀이소리가 들려온 것입니다. 마침 그의 옆에 성경책이 있었습니다. 그는 계속되는 그 소리에 무언가에 홀린 듯 그것을 집어 들고 펴서 읽었습니다. 그리고 그 책의 말씀을 통해 거룩하신 하나님을 만났습니다. 자신의 영적 공허와 도덕적 절망감이 해결되었고 인생이 변했습니다. 낮에는 철학자요, 밤에는 방탕한 성 탐닉자였던 그가 수많은 사람들에게 영향을 미치며 심지어 이 세상 역사의 흐름을 바꾸는 성자로 변하는 순간이었습니다.

이런 일이 옛날에만 일어났던 것은 아닙니다. 저는 최근에 에이린이라는 여성의 이야기를 읽었습니다. 그녀는 미모, 돈, 지위, 학식 등 모든 것을 가진 자였습니다. 근데 어느 날, 한밤중에 깼는데 깊은 공허감을 느꼈습니다. 아무 것도 없는 것 같았습니다. 잠을 청했지만 잠이 오지 않았습니다. 마침 집에 성경책이 하나가 있어서 집어 들었습니다. 그 전에 한 번도 읽은 적이 없었습니다. 성경에 대해 아는 것도 전혀 없었습니다. 목차를 보니 구약과 신약이 있는데 신약이 구약의 업그레이드판이 아니겠냐는 생각이 들어서 신약부터 읽기 시작했습니다. 마태복음을 읽고, 마가복음을 읽고, 누가복음을 읽고, 새벽 3시에 요한복음까지 읽었습니다. 그리고 그녀는 "전 예수님과 사랑에 빠졌어요."라고 말했습니다. 공허하기 짝이 없던 마음에 깊은 평안과 만족감이 왔습니다. 그리고 그 후로 그녀의 인생은 변했습니다. 성경은 놀라운 책입니다. 그것은 우리의 가장 깊은 곳을 만지고 회복시키는 능력이 있습니다.

성경을 읽어보지 않겠습니까? 설사 성경을 믿고 있지 않다 하더라도 꼭 한 번 읽어볼 것을 권합니다. 우리가 어떤 글을 읽을 때 반드시 그것을 믿기 때문에 읽는 것은 아니지 않습니까? 많은 사람들이 그리스로마 신화의 사실성을 믿지 않지만 그럼에도 불구하고 그 책을 읽는 것처럼 일단 그렇게 성경을 한 번 읽어보십시오. 읽어봐야 믿을지 말지 결정할 것 아닙니까? 성경은 한 번 읽어볼만한 가치가 있는 책입니다. 세상에서 가장 많이 팔린 책이며, 지금도 베스트셀러의 꼭대기에 있는 책입니다. 고대문서 가운데 가장 신빙성이 있는 책이며 수천 년이라는 세월의 테스트를 견딘 책입니다. 삶에 대한 지혜와 통찰력으로 가득 차 있으며 가장 많은 사람들의 삶을 바꾼 책입니다. 아브라함 링컨(Abraham Lincoln)은 미국의 제 16대 대통령이 되었을 때 낡고 조그마한 성경책을 들고 나와 이렇게 고백했다고 합니다.

"이 낡은 성경책은 바로 어머니께서 저에게 물려주신 것입니다. 저는 이 성경책으로 말미암아 대통령이 되어 여기 이 자리에 서게 되었습니다. 저는 성경말씀대로 이 나라를 통치하겠습니다."

당신이 편견을 버리고 열린 마음으로 성경을 읽는다면 어거스틴처럼, 윌리엄 렘지처럼, 그리고 링컨 대통령처럼 그 책에 계시된 하나님을 만나게 될 것입니다. 그런 좋은 일이 일어나기를 바라고 또 바랍니다.

증거 좀 남겨놓으시지

우리 교회 중고등부에 출석하는 학생 가운데 영적인 호기심이 많은 한 학생이 있습니다. 또래의 많은 아이들이 최신 휴대폰이나 얼짱 연예인들에게 관심을 쏟고 있는데 반해 이 학생은 진리추구에 관심을 가진 보기 드물게 진지한 학생입니다. 아직 구원의 확신은 없지만 뭐랄까, 좀 거창하긴 하지만 진리를 찾는 '구도자(seeker)'라 할 수 있을 것 같습니다. 한 번은 제게 다가오더니 뜬금없이 "목사님, 성경의 핵심 주제를 한 문장으로 요약한다면 뭐라고 할 수 있을까요?"라고 물어서 저를 놀라게 하기도 했습니다.

부활주일이 다가와서 그랬는지 그 학생은 담당 전도사님에게 예수님의 부활에 관한 확실한 증거만 제시된다면 예수님을 믿겠다고 말했답니다. 그 이야기를 듣고 제가 빈 무덤의 증거와 같은 몇 가지 사실들을 글로 써서 전도사님을 통해 그 학생에게 주었습니다. 대략 다음과 같은 내용이었던 것으로 기억합니다.

- 예수님의 무덤이 있던 예루살렘에서 —시체가 공개될 가능성이 있고 적대자들이 득실거리던 그곳에서— 처음 부활의 소식이 전해졌던 점.
- 초대교회 성도들이 기독교의 창시자인 예수님의 무덤에 대해 완전히 무관심했다는 점. (보통은 그 창시자의 무덤을 화려하게 꾸미고 순례지로 만든다.)
- 여성이 부활의 첫 목격자라는 당시로서는 아주 불리한 이야기

가 그대로 기록된 점. (당시 여성은 사회적으로 차별받았고 법적으로도 증인의 자격이 없었다.)

- 예수님의 부활 후 제자들의 태도가 갑자기 변했고 그 메시지의 전파에 목숨을 걸었던 점. (실제로 사도들은 다 예수님의 죽음과 부활을 전하다가 순교당했다.)

- 여러 사람들이 공모해서 거짓을 계속 은폐하는 것이 불가능하다는 점.

- 예수님 사후 20년 안에 쓴 것으로 모든 역사학자에게 인정받는 공적 문서(고린도전서)에서 사도 바울이 부활의 목격자 150명이 살아있다고 천명한 점.

- 부활이 아닌 그 어떤 것으로도 기독교의 극적인 태동과 급속한 성장을 설명하기 힘들다는 점 등.

그 학생은 만족했을까요? 안타깝게도 그는 부활의 변증에 대한 저의 글을 읽어보더니 충분치 못하다며 보다 확실한 외적 증거를 원한다고 했다는 것입니다.

그 학생은 아마 보다 객관적이고 '과학적'인 증거, 지금으로 치면 예수님이 부활하는 모습을 찍은 동영상과 같은 것을 원했는지 모릅니다. 적어도 세상 역사책 속에 "나사렛 예수가 십자가 처형 후 확실히 부활했음을 목격했다"는 진술과 같은 증거자료는 있어야 한다고 생각했는지 모릅니다. 물론 그 비슷한 자료는 있습니다. 1세기 로마의 역사가인 타키투스의 글에 나오는 다음의 기록이 그 한 예입니다.

"그리스도는—그리스도인이란 명칭이 이 사람의 이름을 따라
서 붙여진 것인데—티베리우스의 통치 기간에 로마의 행정관이
었던 본디오 빌라도의 손에 극단적인 형벌을 받았다. 매우 해로
운 미신으로 간주되던 신앙이 당장에는 방해를 받았지만 그 악
이 발생한 최초의 장소인 유대지방에서 다시 일어났고 심지어 로
마에서도 생겨났다."

타키투스는 예수님이 본디오 빌라도의 의해 '극단적인 형벌'
즉, 십자가형을 받았고 그 후 그 신앙이 잠시 주춤했지만 예수가 죽
은 바로 그 장소에서 다시 일어났고, 제국의 수도인 로마에까지 퍼
졌다고 말합니다. 이 기록은 예수님의 부활을 강력히 암시하지만
그 학생에게는 부족했을 것입니다.

그 학생의 반응을 들은 후 저는 답답하기도 하고 안타깝기도 한
복합적인 감정에 휩싸였습니다. '부활하신 예수님께서 왜 좀 더 확
실한 증거를 남겨놓지 않으셨을까? 왜 그분은 하늘 마차를 타고 로
마의 중심가를 행진하시거나 모든 사람이 볼 수 있도록 예루살렘
성전 꼭대기에 부활의 빛나는 몸으로 서시지 않았을까? 그랬다면
누구도 부인하기 힘든 확실한 증거가 남았을 것이고 우리 학생도
믿을 수 있었을 텐데……. 왜 예수님은 큰 영향력도 없는 소수의 사
람들에게만 그 모습을 나타내셨을까?' 그러고 보니 예수님은 부활
하신 후 40일 동안 이 땅에 더 계시면서 다양한 경우에 자신을 나타
내셨지만 한 번도 자신을 믿지 않는 사람에게 부활 사실을 알린 적

은 없었습니다. 주로 자신의 가족들과 제자들에게 나타나셨고 자신을 따르던 평범한 형제자매들에게 나타나셨습니다. 왜 그랬을까요? 왜 그분은 '객관적인' 증거를 주시지 않았을까요?

먼저는 그렇게 하는 것이 실제적으로 별 효과가 없었기 때문에 그랬을 것입니다. 믿기를 원치 않는 사람들은 어떻게 하더라도 나름의 설명을 갖다 붙이면서 믿지 않는 경향이 있습니다. 얼마 전 《타블로에게 진실을 요구합니다》(타진요)라는 단체를 결성해 스탠포드 대학 출신의 가수인 타블로에게 학력 의혹을 제기했던 사람들이 있었습니다. 그들은 제시되는 어떤 "객관적" 증거도 믿지 않고 끊임없이 의혹을 만들어내고 확산시켰습니다. 그들에게서 보는 것처럼 사람들은 자기가 믿고 싶은 것만 믿는 경향이 있습니다.

실제로 복음서를 보면 예수님의 무덤을 지키던 경비병들이 큰 지진이 나고 천사에 의해 무덤의 돌이 굴려진 놀라운 사건 후, 그 일어난 일을 대제사장들에게 보고하는 장면이 나옵니다. 대제사장들은 현장을 한 번 확인해볼 생각도 하지 않고 장로들과 함께 모여 의논한 후 병사들에게 돈을 주면서 "예수의 제자들이 밤중에 와서 우리가 잠든 사이에 시체를 훔쳐갔다"는 거짓말을 유포하라고 시킵니다. 마태는 그들이 돈을 받고서 시키는 대로 하여 그 말이 마태가 복음서를 쓰는 그 순간까지 유대인들 사이에 널리 퍼져있다고 증언합니다(마 28:11-15).

상상력을 발휘하여 예수께서 부활하시는 모습을 담은 동영상이 있다고 해봅시다. 그들이 그것을 믿었을까요? 그렇지 않을 것입니다. 십중팔구 그들은 그것이 조작된 것이라고 할 것입니다. 예수님의 부활을 확언하는 역사서가 있다고 해봅시다. 그러면 그들은 그 저자가 비밀리에 기독교인이 되었다거나, 기독교에 의해 매수되었다거나 아니면 원본은 그렇지 않은데 기독교의 영향을 받은 후기 필사자가 그 내용을 첨가시켰다고 말할 것입니다. 소위 객관적이고 과학적인 증거의 효과는 우리가 생각하는 것보다 훨씬 작을 것입니다.

그러나 예수님께서 자신의 부활에 관한 소위 '확실한 외적 증거'를 남기지 않은 더 중요한 이유가 있다고 저는 생각합니다. 그것은 아마도 예수님께서 우리에게 원하시는 것이 자발적인 마음에서 우러나오는 인격적 관계(personal relationship)이기 때문이라는 것입니다. 그분은 믿을 마음도 없고, 준비도 안 된 사람들이 증거의 힘에 눌려 어쩔 수 없이 자신을 선택하는 것을 원치 않으셨습니다. 마치 진정한 사랑을 원하는 재벌 집 아들이 가난한 처녀의 마음을 얻기 위해 자신의 재산을 과시하길 원치 않는 것처럼 말입니다. 물론 부활에 대한 성경의 자세한 기록과 앞에서 대강 말한 논리적이고 역사적인 증거들은 충분히 있습니다. 예수님이 어떤 분이며, 어떻게 사셨으며, 어떤 주장을 하셨는지 그리고 그분을 만났던 사람들이 어떻게 변했는지에 대한 기록과 간증도 있습니다. 그러나 거기까지입니다. 예수님은 우리의 마음을 누구도 부인할 수 없는 증거로 찬탈하기 원치 않으십니다. 그분은 우리에게 스스로 생각하고 결정할 수 있는 여지를 주기 원하셨습니다. 그래서 그분은 자발적인 관계가 가능할 만큼의 증거만 주신 것입니다.

증거가 더 필요하십니까? 예수님에 대한 더 많은 지식과 정보가 필요하신가요? 그럴지 모릅니다. 당신의 마음이 옳다면 그분은 더 많은 빛을 허락하실 것입니다. 그러나 필요한 것은 어쩌면 더 많은 정보나 객관적 증거보다 자신의 인생에 대한 겸허하고 솔직한 성찰과 가난한 마음일지 모릅니다. 영원의 관점에서 인생을 보는 통찰력과 스스로를 구원할 수 없는 자신의 한계를 인정하는 마음일지 모릅니다. 죽음의 거대한 돌덩이 앞에서 절망하는 한갓 인간으로서 그 돌을 굴려내고 다시 살았다는 분의 주장을 사심이나 편견 없이 살펴보고자 하는 열린 마음, 그것이 지금 당신에게 가장 필요한 것일지 모릅니다. 33년 전 인생의 답을 얻고 싶어 방황하는 청년이었던 제가 그랬던 것처럼, 아니 시대와 장소를 초월하여 수많은 사람들이 그랬던 것처럼 예수님께 먼저 마음을 열어보지 않겠습니까? 그러면 죽음을 죽이시고 지금도 살아계신 그분이 당신의 마음을 부활의 기쁨과 생명력으로 가득 차게 해주실 것이라고 믿습니다. 저와 수많은 사람에게 그분이 하셨던 것처럼 말입니다.

도킨스의 망상

리처드 도킨스(Richard Dawkins)는 옥스퍼드 대학에서 '과학의 대중적 이해(The Public Understanding of Science)'를 가르치고 있는 석좌교수입니다. 그는 진화생물학의 대중화를 염두에 둔 몇 권의 널리 알려진 저서를 저술했고 몇 년 전에는 『만들어진 신 (The God Delusion : 직역하면 신神 망상)』이라는 베스트셀러를 출판하기도 했습니다. 특별히 그의 저작 가운데 가장 많이 알려진 『만들어진 신』은 전작들과는 달리 과학적인 분석을 하기보다 극단적이고 선동적인 수사와 유사 과학적 추정들로 가득 차 있어서 옥스퍼드의 동료 교수인 알리스터 맥그래스(Alister McGrath)같은 이는 이 책을 무신론적 입장에서 내어놓은 달변의 '지옥불 설교'라고 묘사하기도 했습니다. (맥그래스는 원래 무신론자였으나 옥스퍼드에서 공부하던 중 무신론을 위한 지적주장들이 예상외로 그 근거가 상당히 빈약하다는 사실을 깨닫고 기독교로 회심한 사람입니다.) 이 책에서 도킨스는 종교에 대한 노골적인 적대감을 드러내며 폭력과 악을 조장할 따름인 종교를 이 세상에서 추방시켜버리자고 사람들을 선동합니다. 종교가 없어지면 세상에 평화가 찾아올 것이라는 근거 없는 주장을 퍼뜨리면서 말이죠. 적어도 이 책에 나타난 그는 호전적인 종교적 근본주의자에 맞서는 무신론적 근본주의자이며 열린 마음으로 진리를 추구하는 학자라기보다는 자신의 사상에 대한 조사나 도전을 허락하지 않는 또 하나의 교조주의자(a dogmatic)에 불과하다는 생각입니다.

자신의 책 제목이 암시하듯이 도킨스는 종교적인 사람들을 망상에 빠져있는 사람들로 보기를 주저하지 않습니다. 그에 의하면 하나님은 미치고 착각에 빠진 사람들에 의해 발명된 '정신병적 비행을 저지르게 하는' 존재이며 '울보아기의 단계'에 있는 사람들에 의해 신봉되는 망상입니다. 그러므로 지적으로 성숙하고 정직한 사람들은 결코 기독교인이 될 수 없고 진정한 과학자들은 반드시 무신론자가 되어야 합니다.

그러나 과연 그렇습니까? 아무래도 도킨스가 자신의 전도활동(?)에 너무 열중한 나머지 분별력을 잃어버린 것이 분명합니다. 조금만 냉정을 되찾고 주위를 둘러보면 자신의 주장과는 전혀 다른 현실을 볼 수 있었을 텐데 정말 안타까운 마음입니다. 도킨스가 이 글을 볼 리는 없겠지만 그래도 그가 제대로 보기를 바라는 마음으로 그의 주장에 반하는 몇 명의 과학자들 예를 들어봅니다.

먼저 하버드의 저명한 천문학자인 오언 깅그리치(Owen Gingerich)가 떠오릅니다. 그는 우주가 '초지성적 존재의 빚으시는 손(the designing hand of a superintelligence)'에 의해 창조되었음을 믿는 기독교 과학자입니다. 그의 말을 직접 들어보시죠. "우주는 의도와 목적을 가지고 창조되었다. 그리고 이 믿음은 과학적 작업과 충돌되지 않는다."

유대인이면서 어린 시절부터 무신론자였던 앨런 렉스 샌디지(Allan Rex Sandage)도 제 주의를 끕니다. 그는 세계에서 가장 위대한 관측우주론자이며 누구보다 존경받는 과학자입니다. 그는 1985년, 미국의 달라스에서 열린 과학과 종교에 관한 회의에서 빅뱅에 대해 발언하던 중 50세의 나이에 기독교인이 되기로 결정했다는 사실을 공식적으로 털어놓아 좌중을 충격에 빠트렸습니다. 그의 말입니다. "세상은 과학으로 설명할 수 있는 것보다 훨씬 복잡합니다. 그런데 이런 사실을 알려준 것은 바로 과학이었습니다. 나는 초자연적인 것을 통해서만 존재의 신비를 이해할 수 있습니다."

한 사람만 더 예를 들어볼까요? 세계 6개국에서 선택된 2천명의 과학자가 10년간 매달려 인간의 몸을 구성하는 31억 개의 유전자 서열을 모두 밝힌 〈인간 게놈 프로젝트〉를 지휘한 디렉터, 프랜시스 콜린스(Francis Collins)가 바로 그입니다. 인류 역사상 가장 위대한 과학적 업적을 이끌어낸 그는 대학시절 열렬한 무신론자였지만 유전학과 의학을 공부하면서 오히려 기독교인이 됩니다. 그 또한 도킨스의 과격한 주장을 비판하면서 자연의 신비와 질서는 창조주 하나님을 강력하게 시사한다고 논증합니다. 그 외에도 지면이 허락한다면 더 많은 예를 들 수 있을 것입니다. 도킨스에게 묻습니다. 그들은 지적으로 미숙하고 정직하지 못한 사람들입니까? 그들은 진정한 과학자가 아닌가요?

저는 신학을 하기 전에 물리학을 공부한 사람입니다. 잘 하진 못했지만 하나님의 은혜로 석사과정까지 마쳤습니다. 미국에서 유학하던 당시 많은 과학자들을 만날 수 있었습니다. 저를 지도하던 교수님들과 미항공우주국(NASA)의 연구원들 가운데는 교회의 장로님과 집사님도 있었습니다. 그분들은 이류 과학자들이 결코 아니었고 연구에 목숨을 걸었다고 할 정도로 열정이 있었습니다. 그러나 그분들이 과학과 종교 사이에서 갈등하거나 과학자이기 때문에 하나님을 믿지 못하겠다고 말하는 일은 한 번도 볼 수 없었습니다.

도킨스는 분명 교조주의적 태도를 드러내고 있습니다. 뿐만 아니라 그는 이미 한물간 모더니즘의 오류인 과학만능주의에 빠져 있는 것이 분명합니다. 그는 나이브하게도 과학이 이 세상을 설명한다는 교리를 믿고 있는 듯합니다. 그러나 과학은 맥스 베넷(Max Bennet)과 피터 해커(Peter Hacker)가 주장하는 것처럼 세상 속에서 관찰되어지는 현상들을 설명할 따름입니다. 그것은 이 세계의 목적이나 삶의 의미, 모든 것들의 시작과 같은 것을 설명하거나 서술하지 않습니다. 사실 과학은 그러한 작업을 하도록 의도되지도 않았습니다. 거기다 과학이 설명하지 못하는 신비가 이 세상에 얼마나 많습니까? 포스토모더니즘이 영성을 강조하고 신비를 끌어안는 것은 지난 300년 동안 세상을 지배했던 이성주의와 과학주의의 한계를 보았기 때문입니다. 이 '영적인'(반드시 기독교적이진 않지만 영성과 신비에 열려있는) 포스트모던의 세상에서 도킨스는 자기도 모르는 사이, 모더니즘으로 돌아가 일개 학문인 과학을 자신의 신으로 추앙하고 있습니다. 이것이야말로 망상이 아닐까요?

도킨스가 이 안타까운 망상을 버리고 그를 지으시고 너무도 사랑하셔서 외아들까지 내어주신 참된 신의 품으로 돌아오기만을 바랄 따름입니다.

잘못 짚었습니다

2001년 9월 11일은 우리의 뇌리에 결코 지워지지 않을 끔직한 잔상을 남긴 날입니다. 무고한 민간인들을 태운 여객기가 미국 뉴욕의 쌍둥이 빌딩으로 돌진해 들어가던 그 충격적인 장면을 누가 잊을 수 있겠습니까? 사람들이 고층빌딩에서 낙엽처럼 떨어지고 급기야 110층의 거대한 빌딩이 한순간에 맥없이 무너져 내리던 그 모습, 마치 재난영화의 한 장면 같은 그 참혹한 모습을 저는 잊을 수가 없습니다.

그 비극적인 사건과 더불어 극단적인 이슬람 테러리스트들의 민간인 납치 살해와 자살폭탄 사건은 전 세계에서 때와 장소를 가리지 않고 자행되어 세상을 두려움에 빠트리고 있습니다. 우리나라의 몇몇 사람들도 그들의 손에 희생되었었죠. 이 위험한 테러리스트들은 자살폭탄이 천국으로 직행하는 티켓이라 믿는다고 합니다.

리처드 도킨스가 『만들어진 신』이라는 책을 쓰고 종교와의 전쟁에 돌입한 이유 가운데 하나는 종교적 신자에 의해 자행된 이와 같은 폭력을 보았기 때문입니다. 이는 그가 이슬람 근본주의와 그것의 성전(聖戰)적 형태에 특별히 분노하는 것을 보아도 알 수 있습니다. 비록 세계관은 다르지만 이런 사악한 폭력에 대한 그의 분노에 저는 동감합니다. 모든 사람들이 그래야 하지만 특별히 우리 그리스도인들이 먼저 이 세상에서 종교적 폭력을 포함한 다양한 폭력의 해로운 영향력을 제거하기 위해 노력할 필요가 있다고 생각합니다.

도킨스의 문제는 이런 잘못된 사례를 들어 모든 종교가 악하며 모든 종류의 종교적 세계관들이 폭력의 동기들을 제공한다고 성급히 결론을 내리는데 있습니다. 대부분의 사람들이 알고 또 인정하다시피 나사렛 예수는 아무에게도 폭력을 행사하지 않았습니다. 그분은 한쪽 뺨을 치는 이에게 다른 쪽 뺨도 돌려대라고 가르치셨으며, 칼로 일어선 자는 칼로 망한다는 경고를 남기기도 하셨습니다. 1960년대 미국의 흑인 민권운동을 이끌며 암살자의 총탄에 맞아 쓰러지기까지 비폭력의 원칙을 고수했던 마틴 루터 킹 (Martin Luther King Jr.) 목사도, 또 반역죄로 체포되어 26년간 옥살이를 한 후 남아프리카 공화국 최초의 대통령으로 당선되었으나 보복하지 않고 용서와 화해를 강조하며 과거사 청산을 실시했던 넬슨 만델라도 다이 예수의 가르침에 영감을 받은 사람들입니다.

도킨스는 종교가 지구상에서 추방될 때 사람들은 평화 가운데 살수 있다고 설파합니다. 더 나아가 그는 무신론자들이 결코 무신론의 이름으로 범죄를 저지르지 않을 것이라고 주장하며 무신론의 보편적 선함을 열렬히 신봉합니다. 그러나 역사는 그의 견해가 얼마나 잘못되었으며 순진한 것인지를 보여줍니다. 일례로 무신론적 유물론을 표방한 소련은 폭력의 지속적인 사용을 통해 종교를 제거했고, 수많은 사람들을 죽이고 고문했습니다. 중국의 무신론적 사회주의자인 모택동은 문화혁명을 일으켜 숱한 종교인들과 지식인들을 죽이고 핍박했습니다. 지금 핵무기로 세상을 위협하는 무신론적 주체사상의 국가인 북한이 자행하는 인권유린과 숙청과 사악한 폭력들은 또 어떻습니까? 이런 예들은 "하나님이 존재하지 않으면 인간은 무슨 짓이든 할 수 있다"는 도스토예프스키의 통찰이 얼마나 사실이며, 도킨스가 얼마나 잘못 생각하고 있는가를 잘 보여줍니다.

도킨스의 희망처럼 종교가 없어진다고 폭력이 이 세상에서 사라지며 인류의 분열이 그치게 될까요? 비틀즈의 맏형 존 레넌이 자신의 노래 이매진(imagine)에서 꿈꾼 것처럼 천국도 지옥도 그리고 종교도 없는 세상에서 모든 사람들이 평화를 위해 살아가면 싸움과 분열이 그치고 모두가 하나 되어 살아갈 수 있을까요? 결단코 그렇지 않습니다. 이미 언급한 것처럼 종교를 퇴출한 세상에서 오히려 더 끔찍한 폭력이 일어났습니다. 옥스퍼드와 케임브리지 대학에서 분자생물학과 신학으로 각각 박사학위를 받은 알리스터 맥그래스의 다음 지적은 너무도 예리합니다. "인류역사상 가장 크고도 괴로운 역설이 20세기에 일어났다. 그것은 불관용과 폭력의 원인이 종교라고 믿었던 사람들에 의해서 당 세기의 가장 극악무도한 불관용과 폭력이 발생하였다는 사실이다."

종교인들이 잘못하는 경우가 없다는 말은 아닙니다. 기독교도 — 비록 예수님의 가르침을 크게 오해한 사람들에 의해 저질러지긴 했지만— 중세의 십자군과 같은 폭력을 자행한 책임에서 자유로울 수 없습니다. 우리는 크게 뉘우치며 다시는 이런 일이 일어나지 않도록 주의해야 합니다. 그러나 그렇다고 종교만 없애면 문제가 해결될 수 있다는 생각은 너무 단편적이고 순진합니다. 보십시오. 종교와 무관하게 사람들은 정치 경제적 이유로, 또는 이념적 차이나 인종적 편견으로 여전히 당을 만들고 분열하며 싸웁니다. 캄보디아의 폴 포트를 보십시오. 그는 사회주의의 이름으로 수백만의 사람들을 제거했습니다. 히틀러는 인종적인 편견에 휩싸여 6백만이나 되는 유대인들을 처형했습니다. 보스니아나 르완다 등지에서 자행된 소위 '인종청소'는 또 어떻습니까? 사실 최근에 벌어지는 이슬람 테러도 단순히 종교적인 폭력이 아니라 정치사회적인 요소가 복잡하게 얽혀 있는 다면적 폭력입니다.

도킨스가 잘못 짚었습니다. 문제는 종교가 아니라 사람들의 마음속에 있는 악입니다. 우리 안에 있는 죄의 성품이 분열과 갈등을 만들며 궁극적으로 집단 간의 싸움과 폭력을 조장하는 요인입니다. 해답은 종교의 추방이 아니라 죄성의 치유요, 평화의 왕 되신 예수 그리스도의 완전한 통치에 있다고 믿습니다. 십자가의 희생으로 죄 문제를 해결하시고 유대인과 이방인 사이에 있는 증오와 편견과 적대감의 담을 허무신 그분이 우리의 마음을 다스릴 때 진정한 평화가 찾아올 것입니다. 그리고 언젠가 그분이 이 땅에 다시 오셔서 "다윗의 보좌"에 앉게 되실 때 UN본부 건물에 새겨져있다는 미가서의 말씀, 즉 "나라마다 칼을 쳐서 보습을 만들고 창을 쳐서 낫을 만들 것이며 나라와 나라가 칼을 들고 서로를 치지 않을 것이며 다시는 군사훈련도 하지 않을 것이다"(미가서 4:3)는 예언의 말씀이 이루어질 것입니다.

내가 고통당할 때 하나님 어디 계십니까?

얼마 전 오랜 친구로부터 전화 한 통을 받았습니다. 그는 사업하다 빚에 몰려 기도부탁을 하려고 전화를 했다고 했습니다. 그동안 힘든 일이 너무 많았다면서 가끔씩 하나님께 차라리 자신이 태어나기 전의 상태로 세상을 되돌려 달라는 원망어린 기도를 한 적도 있다고 말했습니다. 그 친구의 푸념을 들으면서 고난 받던 욥이 자신의 탄생을 저주하는 장면이 생각났습니다. 그의 어려운 상황을 타결하기 위해 실제로 해줄 것이 별로 없다는 인식은 저를 너무 답답하게 만들었습니다. 저는 전화를 끊고 멍하게 앉아 있다가 아픈 마음으로 그를 위해 기도했습니다.

세상에는 왜 이렇게 많은 고통이 있을까요? 왜 하나님은 고통을 가져가지 않나요? 성경에 계시된 하나님은 전능하시기 때문에 원하시면 지금이라도 모든 고통을 없앨 수 있을 것입니다. 그분은 또한 지극히 선하신 분이시므로 선한 사람들이 고통 받는 것을 기뻐하시거나 원하지 않으실 것입니다. 그런데도 왜 여전히 제 친구와 같은 사람들이 견디기 힘든 고통을 만나는 것일까요? 솔직히 저는 이 질문에 대한 정확한 대답을 알지 못합니다.

이 질문에 대해 대답하려는 것은 어쩌면 지극히 교만한 시도일지 모릅니다. 사실 가장 뛰어난 지능과 지식을 가진 철학자들과 신학자들이 이 질문에 대한 답을 얻으려 했지만 지적으로 완전히 만족할만한 대답은 그 어디에도 없었습니다.

어쩌면 이에 대한 대답은 지금 우리가 가진 제한적 지성으로 이해할만한 그런 차원을 훨씬 뛰어넘는 것일지 모릅니다. 성경에서 고난 받는 의인의 대명사로 알려진 욥은 그 불같은 시련을 통과하면서 하나님께 계속 이 문제에 대한 대답을 요구합니다. "하나님 왜 제가 이 고통을 받아야 합니까? 당신과 변론하기를 원합니다." 만약 고통의 문제에 대해 우리 인간의 수준에서 명쾌히 이해할만한 논리적 대답이 있다면 이때야말로 하나님의 기회였을 것입니다. 그러나 하나님은 욥의 이 질문에 대해 직접적인 대답을 주시지 않고 욥으로 하여금 한 걸음, 한 걸음 창조의 과정을 통과하게 하시면서 하나님 자신의 지혜와 능력을 드러내셨습니다(욥 38-41장). 작가 프레드릭 뷰크너(Frederick Buchner)는 이에 대해 이렇게 말합니다. "욥이 듣고 싶어 하는 방식으로 설명하려고 애쓰는 것은 마치 대합 조개에게 아인쉬타인에 대해 설명해주려고 애쓰는 것과 같다…." 하나님은 끝내 왜 이 세상에 고통이 있는지에 대해, 더 구체적으로 왜 욥 같은 의인에게 고통이 일어나는지에 대해 대답하시지 않습니다. 하나님은 그저 인간의 한계와 무지를 지적하시면서 온 세상을 만드시고 운행하시는 하나님의 능력과 지혜를 보여주실 따름이었습니다. 하나님이 더 잘 아시니까, 또 그분은 자기가 무엇을 하는지 알고 있으니까, 우리 쪽에서 잘 이해가 되지 않더라도 하나님을 한 번 신뢰하라는 것이죠. 따라서 이 땅에 고통이 왜 존재하는지에 대해 제가 그 해답을 모르는 것은 제한된 인간으로서 너무도 당연한 일입니다.

그러나 제가 믿는 것은 이와 같은 상황이 언제까지나 계속되지는 않을 것이라는 사실입니다. 현재 고통이 있다고 해서 그것이 영원히 존재할 것이라고 믿을 필요는 없습니다. 우리가 불만스러워하는 것처럼 하나님도 지금 이 세상의 상태에 대해 만족하시지 않음을 알게 해주는 많은 사실들을 봅니다. 그리고 그분은 이에 대해 무언가를 하려고 계획하시며 그 시기를 저울질하고 계십니다. 아니 그 절정의 때를 위해 지금도 '은밀하게 위대하게' 일하고 계십니다. 그리고 언젠가 그분은 이 세상을 새롭게 하실 것입니다. 다시 눈물도, 질병도, 사망도 없는 새 하늘과 새 땅을 만드실 것입니다. 이사야의 위대한 비전처럼 이리와 어린 양이 함께 살며 표범이 새끼염소와 함께 눕는 거룩한 동산이 우리 앞에 펼쳐질 것입니다. 그러므로 필립 얀시(Philip Yancey)가 지적한 것처럼 고통의 문제는 능력의 문제가 아니라 때의 문제로 볼 필요가 있습니다.

고통의 문제에 대해 또 한 가지 제가 아는 것은 우리가 믿는 기독교의 하나님이 고통과 무관한 분이 아니라는 사실입니다. 하나님은 자신이 가장 귀하게 여기며 사랑하시는 독생자 예수 그리스도가 십자가에 매달려 피투성이 가운데서 죽어가는 것을 지켜보신 분입니다. 그분은 십자가에 달린 그 아들이 "아버지여, 아버지여, 어찌하여 나를 버리시나이까?"라고 절규했을 때 그 부르짖는 소리를 들으신 분입니다. 그분은 자식의 죽음 앞에서 망연자실하는 부모의 심정이 어떤 것인지를 아십니다. 이 말은 그분이 세상의 고통에 대해 두 손과 두 발이 다 묶여 슬퍼하는 것 외에는 아무것도 할 수 없는 무력한 존재라는 의미는 아닙니다. 단지 자신의 높고 선하신 뜻에 의해 아들의 죽음을 허락하신 하나님은 본질상 사랑이시므로 아들의 고통을 함께 느끼지 않을 수 없는 분이라는 뜻입니다. 실제로 선지자 이사야는 하나님께서 자기 백성의 고통에 동참하심을 묘사하면서 "그들의 모든 고난에 나[하나님]도 함께 고난을 받았다"고 말합니다. 얀시의 책 제목처럼 「내가 고통당할 때 하나님 어디 계십니까? (Where is God When it hurts?)」라고 질문한다면 하나님은 "너의 아픔의 현장에 너와 같이 아파하며 있었다"라고 대답하실 것입니다.

그레고리 보이드(Gregory Boyd)라는 신학교수는 대학시절 천문학 강좌를 듣고 나오면서 고개를 들고 차가운 겨울 밤하늘을 우러러보았습니다. 그는 그 웅장한 모습을 보면서 자기도 모르게 "하나님이 계신 것이 분명해!"라고 중얼거렸습니다. 그러나 한 편으로 아우슈비츠의 악몽 같은 것을 생각하니 "하나님이 계실 리가 없어!"라는 말도 흘러나왔습니다. 두 생각이 맹렬히 싸움을 하는 중에 하늘을 올려다보면서 그는 이렇게 외쳤습니다. "내가 믿을 수 있는 하나님은 유대인 어린아이가 산 채로 파묻히는 것이 어떤 것인지, 또 그 아이가 죽어가는 것을 지켜보는 엄마의 심정이 어떤 것인지를 아는 그런 하나님뿐입니다!" 바로 그때 그것이야말로 기독교가 선포하는 하나님이라는 생각이 불현듯 마음에 떠올랐다고 합니다.

그렇습니다. 기독교의 하나님은 우리의 고통을 직접 아시는 분이

시며, 이사야 선지자의 표현처럼 우리와 함께 고통당하시는 분입니다. 뿐만 아니라 그 고통 속에서 우리를 구원하시고 치유하시기 위해 인간이 자기 욕심과 죄 가운데서 만들어낸 지옥 한 가운데로 들어오셨습니다. 오직 기독교의 복음만이 높으신 하나님께서 더럽고 냄새나는 동물의 구유에서 무력한 아기로 태어나셨다고 말합니다. 그는 이스라엘에서도 가장 낙후된 지역에서 근근이 생계를 이어가는 가난한 목수의 아들로 성장하셨고, 아무도 가까이 하기를 원치 않는 창녀와 세리와 죄인들의 친구로 사셨습니다. 자기 제자에게 배반당하는 아픔을 경험하셨고 결국은 인류가 고안한 가장 잔인한 사형틀이라는 십자가에서 그 처절한 고통을 직접 당하셨습니다. 보이드 교수가 지적한 것처럼 하나님께서 가지고 계신 치유자로서의 힘은 고통을 아파하신다는 사실에 있습니다. 우리와 함께 하시는 임마누엘 하나님은 처음부터 끝까지 우리의 고통에 참여하심으로서 그 고통 속에서 우리를 구하기 원하십니다. 그리고 이를 통해 마침내 우리를 부활과 회복의 영광으로 이끄실 것입니다. 다시는 고통과 눈물과 사망이 없는 세상으로 우리를 인도하실 것입니다. 그것이 바로 기독교가 선포하는 십자가 복음의 기쁜 소식입니다.

두 종류의 죽음

1980년 3월 프랑스 파리의 부르세 병원에 한 세기를 떠들썩하게 하던 존경받는 한 지성인이 폐수종 때문에 입원했습니다. 그는 한 달 동안 이 병원에서 문자 그대로 발악을 했습니다. 소리를 지르고 찾아온 사람들에게 고함을 치며 절규합니다. 그러면서도 그는 죽음에 대한 불안과 공포 때문에 자기의 병명이 무엇인가를 곁에 서 있는 자기 아내에게조차 묻지 못합니다. 아내도 두려움 때문에 자기 남편에게 그의 병명을 말하지 못했습니다. 소리치고 발악하고 괴로워하는 남편의 곁에서 위로조차 못하고 무력하게 지켜봐야 했던 이 불쌍한 여인과 또 그 남편! 그가 누구입니까?

자유라는 이름하에 수많은 수필과 소설, 희곡 등 다양한 글을 남겼던 천재적 작가!

계약결혼과 노벨문학상 수상거부 등 숱한 화제를 뿌렸던 인물!

그렇습니다. 그는 바로 20세기에 가장 커다란 발자취를 남겼던 프랑스의 무신론적 실존주의 철학자 샤르트르였습니다. 1980년 4월 16일 입원한 지 한 달 만에 그는 병원에서 그렇게 초라한 모습으로 세상을 떠나고 말았습니다.

샤르트르의 죽기 약 80년 전, 그와는 전혀 다른 방식으로 미국과 유럽에 영향력을 끼친 한 사람이 죽어가고 있었습니다. 그는 제대로 된 교육을 받지 못했고 샤르트르처럼 천재적인 지능을 소유하지도 못했습니다. 종종 문법적으로 틀린 말을 해서 기자들과 지성인들로부터 조롱을 당하기도 했습니다. 그러나 그는 단순함과 진실함으로 하나님의 사랑을 전했고 헤아릴 수 없는 사람들의 삶을 변화시켰습니다. 그의 이름은 D. L. 무디(Moody)였습니다. 구두점의 직공이었다가 예수님을 믿고 복음전도자로 변한 이 무디는 죽기 몇 시간 전 자신의 임종 침대에서 이렇게 말했습니다.

"땅이 사라지고 하늘 문이 내 앞에 열린다.

이것이 죽음이라면 죽음은 얼마나 달콤한가!

오늘은 내 승리의 날이요, 더 없는 영광의 순간일세!"

뜬금없이 왜 죽어가는 사람의 이야기를 하냐고 물으십니까? 왜냐하면 그것이 남의 이야기가 아니기 때문입니다. 우리 모두는 언젠가 이 두 사람이 처했던 자리에 처하게 될 것입니다. 지금 당장 죽음을 직면하고 있지 않다 하더라도 우리 각자는 언젠가 죽음의 얼굴을 마주하게 됩니다. 사실 죽음보다 더 보편적인 인생의 현실도 없지 않을까요? 외면한다고 사라지지 않고 피한다고 피해지지도 않는 것이 우리의 죽음입니다. 그래서 성경은 "사람이 한 번 죽는 것은 정해진 일이요, 그 뒤에는 심판이 있습니다"(히브리서 9:27)라고 경고하는 것입니다.

당신은 어떤 모습으로 죽음을 맞기 원하십니까? 죽음 운운하는 것보다 어떻게 사는가가 더 중요하다고 말씀할지 모릅니다. 물론 어떻게 사는가는 중요합니다. 그러나 어떻게 죽는가는 어떤 면에서 더 중요합니다. 죽음은 끝이 아니라 영원으로 이어지는 관문이며 죽음을 직면하는 당신의 모습은 종종 어떤 영원을 당신이 보낼지 보여주는 지시계가 되기 때문이죠. 뿐만 아니라 웰빙(well-being) 인생만큼, 아니 어쩌면 그 이상으로 웰다잉(well-dying)도 사람들의 삶에 영향을 미치기 때문입니다.

수년전 많은 사람들에게 사랑을 받았던 「모리와 함께 한 화요일」이라는 책에서 모리 교수는 모든 사람이 죽게 된다는 것을 알지만 자기가 죽을 것이라고 생각하는 사람은 없다고 꼬집습니다. 자기 예외의 착각이지요. 이런 어리석음을 범하지 말고 용기 있게 자신의 한계를 직면합시다. 그리고 죽음을 대비하며 삽시다. 언젠가 필연적으로 다가올 죽음 앞에서 의연할 수 있는 이유나 소망이 있습니까? 그런 게 없다면 그냥 있어서는 안됩니다. 당신은 그것을 반드시 찾아내야 합니다.

스스로에게 어떤 죽음을 원하는지 한 번 질문해봅시다. 샤르트르와 무디 두 사람의 임종 가운데 당신이 원하는 모습은 무엇입니까? 그리고 과연 죽음 앞에서 당신은 자신이 원하는 그런 모습을 보일 수 있을까요? 한 번 진지하게 생각해보기 바랍니다. 우리는 우리 인생에 대해 그 정도의 책임감은 갖고 살아야 합니다. 그렇지 않은가요?

어느 쪽에 거시렵니까?

저희 신학교 교수님들 가운데는 운동을 좋아하는 분들이 많습니다. 그분들은 축구나 족구, 또는 탁구와 같은 다양한 운동을 하는데 제가 농담으로 '운동권 교수'라고 부르기도 합니다. 그들은 그냥 운동을 할 때도 있지만 아이스크림 내기와 같은 내기를 할 때도 있는데 그런 경우 훨씬 열을 내서 운동에 임하는 것을 봅니다. 저도 어릴 때 아이들과 놀면서 다양한 내기를 했던 기억이 있습니다. 앞의 경우처럼 운동경기를 하는 가운데 팀의 승리를 걸고 내기를 한 적도 있고, 때론 세계 3차대전이 일어날지 말지와 같은 황당한 주제를 갖고 내기를 했던 기억도 있습니다. 어른이든 아이이든 내기를 하면 사람들은 보통 때보다 훨씬 흥미를 갖게 되고 그 내기에서 이기기 위해 열띤 참여를 하게 됩니다.

월드컵 축구나 세계 헤비급 권투 챔피언전과 같은 큰 시합 때도 어김없이 내기가 벌어집니다. 사람들은 그동안의 전력이나 현재의 컨디션, 상대전적 등과 같은 객관적 자료를 바탕으로 가장 승리의 가능성이 높다고 생각하는 팀에 자신의 돈을 걸고 내기에 참여합니다. 특별히 내기전문 도박사들은 거액의 돈을 잃지 않기 위해 철저한 분석과 신중에 신중을 거듭한 숙고를 거쳐 자기의 주사위를 던지게 됩니다.

내기를 좋아하시나요? 지금까지 당신이 했던 그 어떤 내기보다 더 중요하고 심각한 내기 하나를 소개할까 합니다. 그것은 바로 하나님의 존재에 대한 것입니다. 이 내기는 원래 프랑스의 물리학자요, 철학자인 파스칼이 자신의 명상록인「팡세」에서 '내기 논증(wager argument)'이라는 이름으로 제시한 것입니다.

파스칼에 의하면 하나님의 존재는 어차피 이론적으로 증명할 수 없는 문제입니다. 온 우주를 만드시고 다스리는 조물주 신이 어떻게 인간의 실험이나 관찰을 통해 의심의 여지없이 증명될 수 있겠습니까? 지금까지 인류역사를 통해 하나님이 존재한다거나 또는 존재하지 않는다는 사실을 그 누구도 반박할 수 없게끔 결정적으로 드러낸 사람은 아무도 없습니다. 그것은 하나님의 존재 문제가 인간의 이성이나 과학적 지식의 영역을 뛰어넘는 문제이기 때문입니다.

그러면 어떻게 할까요? 파스칼은 내기에 참여하라고 도전합니다. 만약 하나님의 존재에 대한 확률이 반반이라면 자신의 삶에 대해 진지한 사람들은 그 문제에 대해 깊이 생각한 후 더 개연성이 있는 쪽에 내기를 걸 것입니다. 사실 이 내기는 모든 사람이 참여해야 하는 것으로 예외가 있을 수 없습니다. 게임은 진행되고 있으며 당신도 어딘가에 당신의 행운을 걸어야 합니다. 어쩌면 당신은 이미 이 내기에 참여했는지 모릅니다. "하나님은 계셔" 또는 "신이란 게 어디 있어?"와 같은 말을 하거나 그와 같은 생각을 한다면 당신은 내기에 참여한 것입니다. 비록 당신이 내기에 참여한 사실을 인지하지 못하거나 어디에 걸었는지를 설사 모른다 하더라도 당신의 라이프스타일은 당신이 어느 쪽에 걸었는지를 보여줄 것입니다.

하나님이 존재하는 것과 그렇지 않은 것 가운데 당신은 어느 쪽을 선택할 것입니까? 반반의 확률이기 때문에, 그리고 각각의 입장을 지지하는 나름의 주장이 있기 때문에 어느 쪽을 선택하더라도 그 선택이 비이성적이라고 탓할 수는 없을 것입니다. 흔히 무신론은 과학적인 입장이고, 유신론은 종교적인 입장이라고 생각하는데 그건 전혀 합당한 생각이 아닙니다. 두 입장 다 나름의 합리적인 이유를 내세우며 둘 다 결국엔 믿음의 도약을 필요로 합니다. 저는 유신론적 증거가 더 많을 뿐 아니라 강력하다고 생각하지만 그러나 그 증거만으로 하나님의 존재를 의심의 여지없이 입증하거나 누군가를 믿지 않을 수 없게 만들 수는 없을 것입니다. 어쨌든 이성으로만 선택을 결정할 수 없는 이러한 경우에 우리는 어떤 선택이 우리를 더 행복하게 할 수 있는가라는 실용적인 근거에서 선택할 수 있습니다.

만약 하나님이 존재한다는 쪽에 내기를 걸었다고 가정해봅시다. 당신이 건 대로 그분이 실제로 존재한다면 당신은 영원한 생명과 무한한 행복을 얻게 됩니다. 설사 그분이 존재하지 않는다 하더라도 손해 볼 것은 별로 없습니다. 그러나 반대로 하나님이 존재하지 않는다는 쪽에 내기를 걸었는데 불행하게도 당신의 기대와는 달리 하나님이 존재한다고 가정해봅시다. 그렇다면 당신은 영원토록 무한한 손실을 감수할 수밖에 없습니다. 설사 당신이 건 내기가 맞아떨어져서 하나님이 존재하지 않는다 하더라도 얻을 것이 무엇입니까? 긍정적인 것은 거의 없다고 생각합니다. 그러므로 현명한 사람이라면 하나님이 존재한다는 쪽에 걸지 않을까요? 이 선택이야말로 파스칼의 말처럼 "이기면 모든 것을 딸 것이요, 진다해도 잃는 것은 하나도 없는" 똑똑한 선택이 될 것입니다.

당신은 어느 쪽에 내기를 거시렵니까? 당신의 영혼과 인생의 영원한 운명이 달려있는 문제입니다. 마음을 열고 깊이 생각한 후 현명하게 결정하기 바랍니다. 바라기는 "이기면 모든 것을 딸 것이요, 진다해도 잃는 것은 하나도 없는" 그 선택이 당신의 것이 되었으면 하는 마음입니다. 당신을 너무도 사랑하셔서 당신을 위해 십자가에 독생자 예수를 희생시켰지만, 그럼에도 불구하고 당신의 선택을 강제하지 않으시는 사랑의 하나님도 그렇게 바라고 계실 것입니다. 다시 한 번 묻습니다. 당신은 어느 쪽에 거시렵니까?

영원에 눈 뜨게 하는 만남

우리는 살면서 수많은 만남을 경험합니다. 어떤 만남은 시간이 흐르면 기억조차 나지 않는 사소한 것일 수도 있고, 어떤 만남은 결코 잊을 수 없는 강한 인상과 지울 수 없는 흔적을 우리 속에 남기기도 합니다. 그 헤아릴 수 없는 만남 가운데 우리는 때때로 우리의 삶을 송두리째 바꿔놓는 혁명적인 만남을 경험하기도 합니다. 물론 그러한 만남은 극히 소수에 불과하겠지만 말입니다.

미국에서 유학할 당시 학생과 스승으로 만난 하워드 헨드릭스 교수와의 만남은 제 삶에 큰 영향을 준 그런 만남이었습니다. 그분을 통해서 저는 창의성과 영성이 어떻게 조화를 이루는지, 종교적 외투를 벗은 영적인 삶이 어떤 것인지를 보게 되었습니다. 그 만남은 제 삶과 사역의 방향을 심오하게 바꾸어놓는 그런 것이었습니다.

유엔 사무총장으로 전 세계를 누비고 있는 반기문 총장은 자신의 고등학생 시절, 외국학생의 미국 방문 프로그램(VISTA)에 선발되어 미국을 방문하던 중 백악관에서 당시 미국 대통령이었던 존 F. 케네디 대통령을 만난 적이 있습니다. 이 짧은 만남은 외교관이 되겠다는 그의 꿈과 열정을 더 크게 만듦으로써 그의 인생길을 결정하는 계기가 되었습니다.

사람이 살면서 누군가를 만난다는 것은 그러므로 예삿일이 아닙니다. 그것은 우리의 삶의 경로를 180도 바꾸어 놓을 수 있고 어떤 경우 그 파장은 영원을 넘실거리기도 하기 때문입니다. 특별히 온 우주 뿐 아니라 우리의 오장육부를 친히 지으신 하나님과의 만남은 우리의 영원을 결정짓는 중요한 '사건' 입니다.

「소설 목민심서」를 보면 조선시대 실학자 정약용의 형인 정약종이 처음으로 '천주실의' 라는 책을 대하는 모습이 묘사되어 있습니다. 그는 그 책을 통해서 온 우주를 창조하신 하나님을 생전 처음으로 만나게 됩니다. 그것은 너무도 경이롭고 충격적인 경험이어서 뜬 눈으로 그의 밤을 지새우게 합니다. 그 만남은 영원이라는 상상할 수 없는 실재(reality)에 눈을 뜨게 해주는 그런 만남이었습니다.

우리 모두는 그런 만남을 필요로 합니다. 그것은 우리의 삶을 신바람 나게 할 것이며 새로운 관점으로 삶을 보게 해줄 것입니다. 그 만남은 영원 속에서 나의 위치와 내가 마땅히 가야할 삶의 방향성을 제시할 것입니다. 우리가 하나님과의 만남을 반드시 가져야 할 이유가 거기에 있는 것입니다. 어떤 훌륭한 사람과의 만남도 해줄 수 없는 일을 그것이 이루기 때문입니다. '하나님과의 만남' 그보다 더 위대하고 그보다 더 혁명적인 만남이 어디 있을까요? 그보다 더 큰 영감을 주는 만남이 어디 있을까요? 한 훌륭한 사람과의 만남이 나의 삶을 바꾸어 놓을 수 있다면 전지전능하시고 영원하시며 우리의 모든 상상을 뛰어넘는 하나님과의 만남은 얼마나 더 그러할까요?

이스라엘의 영원한 영웅 모세는 떨기나무의 불길 가운데서 하나님을 만나기 전까지만 해도 쓰라린 실패의 기억에 사로잡혀 양을 치는 한 목자에 불과했습니다. 그러나 하나님을 만난 후 그는 노예

상태에 있던 자신의 동족을 이집트에서 이끌고 나와 젖과 꿀이 흐르는 가나안 땅으로 인도하는 위대한 지도자로 변신했습니다.

　교회의 가장 무서운 박해자에서 예수 그리스도의 사도로 변신한 바울은 하나님과의 예사롭지 않은 만남을 경험한 또 하나의 훌륭한 실례입니다. 그는 증오심과 살기를 품고 이 지상에서 '예수쟁이'들을 쓸어버리기 위해 다마스쿠스로 길을 가다가 눈을 멀게 할 것만 같은 강렬한 빛 가운데서 부활하신 예수 그리스도를 만났습니다. 그 만남이 있기 전까지만 해도 그는 교만과 자기 의와 눈먼 열정의 광기에 사로잡혔던 한 배타적 종교인에 불과했습니다. 그러나 그리스도와 만남이 모든 것을 바꾸어 놓았습니다. 그는 아시아와 유럽에 수많은 교회를 개척했고 예수 그리스도의 복음으로 헤아릴 수 없는 사람들의 영원한 운명을 바꿔놓았으며 신약 성경 27권 가운데 최소한 13권을 기록함으로써 기독교의 신학적 뼈대를 형성하는 놀라운 업적을 이루었습니다. 그것이 전체 세상의 역사를 바꾸는데 어떤 기여를 했는지는 설명할 필요가 없을 것입니다.

　하나님을 만났기 때문에 영원에 대해 눈이 열리고 삶이 바뀌며 나름대로 세상을 변화시킨 사람들의 예를 들자면 모세나 바울과 같은 이름을 제외하더라도 역사와 현재 가운데서 숱한 사람들의 이야기를 끝도 없이 열거할 수 있을 것입니다. 영국의 노예해방을 이끌어낸 윌리엄 윌버포스(William Wilberforce)가 그 한 사람이며 사지가 없는 장애인으로 태어났음에도 불구하고 오늘날 전 세계를 다니며 사람들에게 희망과 영감을 선사하는 닉 부이치치(Nick Vujicic)

가 또 다른 한 사람입니다. 인기배우이지만 그 영향력과 가진 물질로 제 3세계의 많은 가난한 아이들을 가슴에 품고 그 아이들에게 열정적으로 꿈을 심어주는 차인표씨가 그 한 사람이며 안정된 카이스트 교수의 길을 버리고 거의 불가능해보였던 명문기독교 대학인 한동대를 설립한 김영길 총장이 또 다른 한 사람입니다.

참으로 기쁜 소식은 당신도 그런 사람이 될 수 있다는 것입니다. 귀를 기울여 보십시오. 하나님께서 당신의 이름을 속삭이는 소리가 들리지 않습니까? 놀랍게도, 참으로 놀랍게도, 온 세상을 다스리시며 역사를 주관하시는 만왕의 왕이 당신을 만나고 싶어 합니다. 목마른 당신을, 변화가 절실히 필요한 당신을, 남몰래 죄로 고민하는 당신을, 수고하고 무거운 짐 진 당신을, 이 세상만 바라보는 영적 근시안인 당신을, 뭔지 모를 불안감과 외로움에 시달리는 당신을 그분은 오라고 초청하십니다. 당신의 눈동자를 보며 속 깊은 이야기를 듣고 싶어 하십니다. 예수 그리스도의 십자가를 통해 당신의 죄와 실패를 용서하시며 당신의 영적 눈을 뜨게 하시길 원하십니다. 그 분을 만나십시오. 당신은 더 멀리 더 높이 더 정확하게 보게 될 것입니다. 그리고 그로 인해 당신의 삶은 이전과 결코 같지 않을 것입니다.

아시지요? 인격적인 만남은 반드시 신체적인 대면을 필요로 하지 않는다는 사실을… 하나님은 눈에 보이거나 손으로 만져지지 않지만 살아계신 인격체이기 때문에 당신을 만날 수 있습니다. 사실은 그 누구보다 생생하게 만날 수 있습니다. 그러므로 지금 당신이

있는 그 곳에서 사랑의 하나님을 만나기 원한다고 나직이 말씀드
리십시오. 신기한 눈빛으로 영원의 장관(壯觀)을 목 빼어 보는 생애
최고의 여행이 곧 시작될 것을 기대하고 기다리면서 말입니다.

Part 4

봄여름가을겨울

이런 소망이 필요합니다

마침내 봄이 오는 것일까요? 점심식사를 하고 모처럼 외투 없이 신학교의 교정을 걸으면서 따스함을 느낍니다. 밝은 햇살 아래서 잠시나마 봄의 정취에 빠져들고 싶어 걸음의 속도를 늦추며 주위를 둘러봅니다. 입을 다물고 신선한 공기를 들이마시면서 봄의 향기도 맡아봅니다. 곧 이 교정에는 붉은 철쭉과 진달래, 하얀 벚꽃 등이 그 화려한 모습을 드러내겠지요.

지난 겨울의 생각이 납니다. 이제는 뒷모습을 보이고 쓸쓸히 퇴장하는 중에 있지만 얼마 전까지만 해도 정말 그 위세가 대단했습니다. 그 어느 때보다 추웠고 혹독했으며 길었던 겨울이었습니다. 폭설과 혹한으로 많은 사람들이 힘들었었죠. 노약자들과 못 가진 분들은 더 그랬겠지만 정말 많은 사람들이 그 겨울을 벗어나고 싶어 했습니다. 저처럼 추위에 약한 사람들은 더욱 간절히 겨울의 종말을 원했습니다.

지난 겨울을 돌이켜보며 이런 생각을 해봅니다.

'만약 봄이 온다는 소망이 없었다면 어땠을까?'

아마 겨울은 훨씬 더 힘들지 않았을까요? 그랬을 겁니다. 사실 저는 이번 겨울 내내 그런 소망을 갖고 살았습니다.

'아무리 혹독해도, 아무리 폭설로 심술을 부려도 이 겨울은 곧 가게 될 거야. 그리고 봄이 올 거야. 아름답고 따스하고 향기로운 봄이 올 거야.'

그 소망은 춥고 긴 겨울을 버티게 하는 큰 힘이 되었습니다.

우리의 인생에도 그런 소망이 필요합니다. 왜냐하면 인생길은 쉬운 길이 아니기 때문입니다. 때로는 길고 혹독한 겨울 같은 때가 우리를 찾아옵니다. 자녀들이 말썽을 피우기도 하고 배우자로 인해 어려움을 겪기도 합니다. 실직을 당하기도 하고 돈이 없어 고통을 받기도 합니다. 일이나 사역에 실패하고 꿈이 깨어지는 아픔에 몸부림치기도 합니다. 건강문제로 낙심하기도 하고, 사별의 깊은 슬픔을 경험하기도 합니다. 소망이 없다면 이런 춥고 어두운 인생의 겨울을 지나가기 힘들 것입니다.

그러면 우리는 어디서 소망을 찾을 수 있을까요? 우리의 소망은 도대체 무엇이며 어디서부터 오는 것일까요? 예수님의 수제자인 베드로는 자신의 첫 번째 서신에서 하나님께서 우리에게 예수 그리스도의 부활 사건을 통해 아주 특별한 소망을 주셨다고 말씀합니다 (벧전 1:3). 예수님을 죽은 자 가운데서 다시 살리심을 통해 우리에게 인생의 어떤 문제도 하나님께서 해결하실 수 없는 것은 없음을 그분은 보여주신 것입니다. 그리고 우리 인간을 가장 절망케 하며 두렵게 하는 죽음의 문제를 해결하심으로써 우리에게 죽음도 어떻게 할 수 없는 소망을 주셨습니다. 베드로는 이것을 '산 소망(living hope)'라고 불렀습니다. 이 소망은 최악의 상황에서도 무너지지 않습니다. 그것은 언제나 살아있을 것입니다. 죽음까지도 넘어설 것입니다. 그래서 '산 소망'인 것입니다.

이런 소망이 있으신가요? 당신을 위해 죽었다가 다시 사신, 그리하여 언제나 살아계신 예수 그리스도를 자신의 구원자로 받아들이고 믿으십시오. 복음서에 보면 그분은 오빠 나사로의 때 이른 죽음에 망연자실하며 슬퍼하던 누이들에게 이런 질문을 하셨습니다. "나는 부활이요 생명이니 나를 믿는 자는 죽어도 살겠고 무릇 살아서 나를 믿는 자는 영원히 죽지 아니하리니 이것을 네가 믿느냐?" (요한복음 11:25-26) 담대한 선언이요 도전입니다. 그 누구도 이렇게 말한 사람은 없었습니다. 당신은 이를 믿으십니까?

생각해보십시오. 세계 종교의 모든 창시자는 그 무덤이 화려하게 꾸며져 있지만 예수님은 무덤이 없습니다. 왜냐하면 그분은 다시 사셨고 무덤에서 나와 하늘로 올라가셨기 때문입니다. 예수님이 십자가에 못 박혔을 때 그를 버리고 뿔뿔이 도망갔던 겁쟁이 제자들이 얼마 후 태도를 180도 바꾸어 목숨을 걸고 복음을 전했던 것은 이 주님의 부활을 직접 경험했기 때문입니다. 그래서 자기들의 스승이 십자가에서 처형된 바로 그곳, 가장 적대적이고 위험한 그 예루살렘에서부터 기독교가 퍼져나갔던 것입니다. 당시 이단을 결코 인정하지 않고 무참히 진멸했던 유대교의 성격을 감안한다면 그곳에서 기독교 신앙이 살아남았다는 것 자체가 기적입니다. 그뿐만이 아닙니다. 네로와 도미티안 황제 등 로마의 황제들이 온 힘을 다해 교회를 핍박했는데도 기독교 신앙은 죽지 않았고 오히려 더 강하게 퍼져나가 마침내 로마제국을 정복하였습니다. 어떻게 이런 일이 가능하였을까요? 무엇이 이 보잘 것 없는 종교를 전 세계에 퍼져나가게 하고 2000년이 지난 지금까지도 세계인구의 약 1/3이 십자가에 처형당한 그 창시자를 주님으로 부르며 예배하게 만들었을까요? 무엇이 아우구스투스나 네로 같은 로마의 대단한 황제들을 그 보잘 것 없던 기독교의 각주(footnote)정도로 만들어버렸을까요? 예수님의 부활이라고 생각합니다. 부활이 아니면 기독교 신앙의 보전과 급속한 성장은 설명이 되지 않습니다.

예수님은 부활하셨습니다. 많은 증거들과 하나님의 도우심으로 저는 이 사실을 믿습니다. 그러나 부활은 너무도 놀라운 일이기 때문에 믿기 힘든 것도 사실입니다. 인정합니다. 그렇지만 설사 당신이 아직 예수님의 부활을 믿지 않는다 해도 부활이 사실이기를 바라야 한다고 저는 생각합니다. 왜냐하면 그래야 우리에게 진정한 소망의 가능성이 남겨지기 때문입니다. 생각해보십시오. 부활이 없다면 죽음과 절망을 넘어서는 소망은 없습니다. 부활이 없다면 이 세상의 악함과 고통, 그 진부함과 한계를 넘어서는 소망은 없습니다. 뿐만 아니라 부활이 없다면 당신의 선행도 사실상 별 의미가 없습니다. 학대받는 아이를 돕고 기아와 질병을 완화하며 환경을 보호하는 등의 일은 부활이 있어야 궁극의 의미를 가질 수 있습니다. 우리가 무슨 짓을 하든 아무런 차이도 없다면 도대체 무엇 때문에 타인의 욕구를 위해 내가 희생합니까? 그러나 예수님의 부활이 진짜 일어났다면 팀 켈러(Tim Keller)가 지적한 것처럼 "세상이 갈구하는 바를 위해 우리의 모든 것을 쏟아 부을 무한한 희망과 이유가 있다"는 뜻입니다.

세상이 다시 기지개를 켜고 새로운 생명력으로 만물이 꿈틀대는 계절입니다. 이 아름다운 계절에 우리 인간의 마지막 원수인 죽음을 죽이고 영광스럽게 다시 사신 예수 그리스도를 믿고 신뢰하지 않겠습니까? "어제도 계셨고 지금도 계시며 이제 곧 오실" 그분을 믿음으로 바라본다면 당신은 부활의 생명력과 소망을 소유하게 될 것입니다. 그러면 세상의 그 어떤 것도 결코 죽이거나 무너뜨릴 수 없는 '산 소망'을 갖게 될 것입니다. 그리고 그것은 당신으로 하여금 어떤 혹독하고 긴 인생의 겨울도 이길 수 있게 할 것입니다.

삶의 엔진을 관리하라

저는 2003년식 자동차를 운전하고 다닙니다. 짐작하는 대로 이 차는 겉모습이 별로 매력적이지 않습니다. 제가 차를 구입한 후 그 동안 세 번이나 모델이 바뀌어 그야말로 한물간 자동차입니다. 거기다 10년이 넘게 타고 다녔더니 여기저기 흠집이 나 있습니다. 뿐만이 아닙니다. 교회건물내의 주차장에 차를 세워놓았더니 기계의 녹물이 흘러내려 앞뒤로 누런 녹물자국이 흉하게 새겨져 있고, 뒤 타이어 쪽에는 살짝 칠이 벗겨진 부분도 있습니다. 제가 좀 깔끔한 성격이면 10년이 지났다 하더라도 지금 모습보다는 훨씬 나을 텐데 그러지 못해서 자동차에 미안한 마음입니다.

자동차에 미안한 것은 사실 그것만이 아닙니다. 세차를 자주 해주지 못해 제 차는 대부분의 경우 더러운 상태입니다. 사실 저 같은 사람은 좀 어두운 색깔의 차를 사야 하는데 당시 영업사원의 말에 홀려 흰색차를 사버렸습니다. 그래서 차의 지저분한 상태가 너무 잘 보입니다. 얼마 전 아침 출근길에는 제가 봐도 좀 심해서 주유 후, 바로 세차를 하려고 했는데 때마침 봄비가 오는 바람에 그조차도 하지 못했습니다.

그러나 감사한 것은 제 차가 잘 달린다는 것입니다. 지난 10년 동안도 별 문제없이 전국방방곡곡으로 저를 태워 다녔고 지금도 마찬가지입니다. 세차를 하지 못해 더러운 채로 달렸던 그날 아침에는 유달리 승차감이 좋아 정말 감사하는 마음으로 자동차를 몰았습니다. 아이러니하게도 차가 참 잘 나간다는 생각을 하고 있는 순간에 제 앞에는 고급 외제차인 아우디가 있었고, 뒤에는 링컨 리무진이 있었습니다. 기가 죽었을까요? 아닙니다. 제 차는 그 명품 차들에 조금도 밀리지 않고 씽씽 달려주었습니다. 저는 비가 오는 봄 날씨와 너무도 잘 어울리는 베토벤의 피아노 연주곡인 '템페스트' 3악장을 들으며 기분 좋게 차를 몰았습니다.

자동차의 성능과 효용성은 기본적으로 엔진에 달려있습니다. 겉모습과는 별 상관이 없습니다. 스타일이 좀 구식이고 외부가 좀 추해도 엔진이 강하고 좋으면 자동차는 그 기능을 성공적으로 감당할 수 있습니다. 사실 저는 차의 겉모습을 잘 관리하진 못해도 엔진에는 그래도 신경을 써왔습니다. 대단한 걸 했다는 말이 아니라 제 때에 엔진오일을 갈아주고 정기적으로 점검을 받는 정도의 관리를 했다는 말입니다. 그래서 제 차는 지금도 아주 잘 달리고 있습니다. 만약 제가 엔진에 아무 신경도 쓰지 않고 한 번도 오일을 갈지 않거나 점검을 받지 않았다고 해봅시다. 그러면서 열심히 세차를 하고 장식을 달고 칠을 했다면 어떻게 되었을까요? 겉보기에는 멋있게 보일지 모르지만 달리는 데에는 문제가 생겼을 것입니다.

오늘날 많은 사람들이 겉을 가꾸는데 신경을 많이 씁니다. 그 자체가 나쁘다는 말을 하는 것은 아닙니다. 문제는 더 중요한 우리 삶의 '엔진' 관리를 소홀히 한다는 데 있습니다. 무슨 말일까요? 저는 마음에 대해 말하고 있습니다. 얼마 전 하나님의 품으로 가신 미국의 기독교 철학자요, 영성신학자인 달라스 윌라드(Dallas Willard)

박사는 우리 마음의 중요성을 강조하면서 "우리는 마음으로부터 산다(We live from the heart)"라고 했는데 그 말은 마음이 우리 삶의 엔진이라는 말과 같은 뜻입니다.

안타깝게도 우리는 마음의 중요성을 잘 인식하지 못합니다. 하여 우리 삶의 엔진이라고 해도 전혀 과언이 아닌 마음에 관심을 쏟지 않습니다. 우리 존재의 사령부이며 말과 행동과 선택을 관장하는 마음을 잘 가꾸지 않는다는 말입니다. 솔로몬은 잠언 말씀에서 사람의 마음이 '생명의 근원'이라면서 무엇보다도 이 마음을 지키라고 당부했는데 우리는 세상에서 가장 지혜로운 사람의 이 충고를 그냥 무시하고 외모와 스펙과 외적 장식물에 온통 관심을 쏟는 경향이 있습니다. 마치 그것이 우리 인생을 제대로 가게 해주는 것처럼 말입니다.

겉모습에 신경을 쓰는 만큼, 아니 그 이상으로 마음을 관리해야 합니다. 정기적으로 마음을 모니터하는 가운데 마음의 전문가이신 하나님께 보여드려야 합니다. 어떤 상태인지 진단해달라고 부탁할 필요가 있습니다. 물론 그것으로 그쳐서는 안 되겠지요. 더 적극적으로 관리해야 합니다. 좋은 생각을 하고 고상한 아이디어나 마음을 순화시키는 음악을 내 안에 집어넣는 것이 한 방법이겠지요. 하나님을 믿는 그리스도인이라면 하나님의 음성에 반응하여 고칠 것을 고치고, 제거해야 할 것을 제거해야 할 것입니다. 그리고 정기적으로 하나님의 말씀과 성령의 감동으로 오일을 쳐주어야 합니다.

마음이 잘 관리되어져서 깨끗하고 튼튼한 상태를 유지한다면 우리 인생은 잘 달릴 수 있습니다. 비가 오는 날이건 바람이 부는 날이건 상관없습니다. 그것은 그야말로 목적지를 향하여 씽씽 달려갈 것입니다. 그날, 그 비가 오던 분위기 있는 봄날의 아침에 제 차가 그랬던 것처럼 말입니다.

하늘이 그 옷을 갈아입듯이

모처럼 비다운 비가 옵니다. 그동안 장마라는 말이 무색하게 제대로 된 비 구경을 하기 힘들었는데… 아파트 주위의 커다란 나무들이 춤이라도 추듯 비바람에 이리저리 흔들리고 힘센 빗줄기는 후드득 소리를 내며 교회 건물의 외벽을 때립니다. 블라인더를 활짝 열어젖힌 창문에는 빗물이 남기고 간 수천 개의 작은 물방울이 무늬처럼 맺혀 있습니다. 그 물방울 무늬의 창문으로 바라다 보이는 옅은 회색의 하늘이 참 마음에 듭니다. 마치 안개의 바다로 온 하늘을 감싼 듯 신비스런 느낌이 들기도 합니다. 이런 날은 하늘 어딘가에 거대한 스피커를 달아놓고 모든 사람이 들을 수 있도록 조지 윈스턴이나 이루마의 피아노 연주곡 같은 것을 틀어놓아도 좋겠다는 생각을 해봅니다.

쨍쨍하고 무더운 날씨가 계속 되다가 이렇게 비가 오고 구름이 끼니 반갑기도 하고 무엇보다 새로운 분위기가 느껴져 좋습니다. 마치 집안의 벽지를 갈고 장식을 바꾼 것 같은……. 그래서 그런지 생각도 자유롭게 흐르고 그동안 잊고 있었던 좋은 기억들도 되살아납니다.

유학시절 초기, 우리 옆집에 살았던 한 친구의 생각이 납니다. 우리는 그때 10평도 채 되지 않는 원룸 아파트에 살았는데 유학생 처지에다 아이도 없어 거의 가재도구가 없었습니다. 침대와 엉성하게 조립된 책상, 그리고 어딘가에서 얻어온 2인용소파, 작은 티 테이블, 19인치 텔레비전이 전부였습니다. 그럼에도 불구하고 그 친구는 거의 한 달에 한 번 꼴로 집안 내부의 배열을 바꾸는 부지런함으로 우리를 놀라게 했습니다. 지금 생각해보면 무언가 변화를 줌으로써 삶의 신선함을 유지하려는 그의 의도가 거기에 배어져 있지 않았나 싶습니다.

변화가 거의 없는 일상을 습관적으로 살다보면 자기도 모르는 사이 정신은 쪼그라들고 하찮은 생각들만 하면서 살기가 쉽습니다. 일종의 영적 정체상태에 들어가 거기에 익숙해지게 됩니다. 삶은 고인 물처럼 신선함을 잃고 아무 곳으로도 가지 않습니다. 그러므로 우리는 지난 날 옆집에 살았던 그 유학생 친구처럼 가끔씩 분위기를 바꿔주는 것이 좋습니다. 그런 면에서 보면 날씨의 변화도 일상의 구태의연함에 고착된 우리의 정신을 풀어주게 하려는 하나님의 배려가 아닐까 싶은 생각도 듭니다.

물론 우리는 허구한 날 하늘만 쳐다보고 앉아서 날씨가 바뀌기만을 기다릴 순 없습니다. 우리는 보다 적극적으로 변화를 추구해야 합니다. 우선은 방이나 사무실의 분위기를 한 번 바꾸어 보십시오. 책상의 위치를 바꿔놓는다든지, 작은 액자를 사서 걸어놓는다든지, 꽃을 꽂아놓는다든지 하면서 말입니다. 만약 공간이 지저분하거나 복잡하다면 버릴 것을 버리고 깨끗하게 정리만 해도 새롭다는 느낌을 받을 수 있을 것입니다. 큰돈을 들이지 않더라도 약간의 부지런함과 상상력만 있으면 얼마든지 분위기를 새롭게 할 수 있을 것입니다.

색다른 환경 속으로 자기를 들어가게 하는 것도 변화를 추구하는 또 다른 방법입니다. 낯선 곳으로 여행을 한다든지 주변의 미술관이나 연주회장 또는 소극장 같은 곳을 방문하는 것입니다. 텔레비전 앞에 앉아 있을 시간에 과감히 그 '바보상자'를 끄고 동네 길을 산책하는 것도 좋습니다. 평소보다 조금 일찍 일어나 내가 보지 못했던 시간대의 세상을 만나보는 것도 훌륭한 시도가 될 것입니다. 이 모든 행위에는 그러나 상상력이 반드시 포함되어야 합니다. 특별히 유진 피터슨(Eugene Peterson)이 말한 것처럼 '하나님께 사로잡힌 상상력'으로 세상을 만나십시오. 그것은 당신으로 하여금 하늘에서 그저 별들만 보는 것이 아니라 '별들로 하늘에 꽃 자수를 놓으신' 하나님을 보게 할 것입니다.

역시 상상력이 필요하지만 좋은 책을 읽는 것은 내면의 환경과 시각을 바꾸어줌으로써 일상의 따분함과 진부함을 일거에 벗어나게 하는 기가 막힌 방법입니다. 우리는 독서를 통해 책에 묘사된 생소한 세상으로 들어갑니다. 그리고 작가의 안내를 받으며 그 놀라운 세상을 경험하게 됩니다. 그 세상을 여행하면서 우리는 흥미진진한 인물들과 사건들, 생각을 자극하는 사상과 관습과 개념들, 그리고 영감을 불러일으키는 신념과 신앙을 만나게 됩니다. 여행도 마찬가지이지만 만약 우리가 제대로 책을 읽는다면 우리는 반드시 변화될 것입니다. 아동 소설가 캐서린 패터슨(Catherine Patterson)은 "위대한 소설은 일종의 회심체험이다. 우리는 변화된 모습으로 그곳을 떠난다."라고 말했는데 그것은 소설 뿐 아니라 위대한 책

모두에 해당되는 말이라고 생각합니다. 저는 엊그제 동네 서점에서 방학을 맞아 읽을 책들을 사와 책상위에 잔뜩 쌓아두고 있습니다. 이 책들을 통해 만날 위대한 정신과 색다른 세계를 생각하면 가슴이 뛰곤 합니다.

무엇보다도 하나님과의 사랑을 회복하는 것이야말로 평범한 일상을 비범함으로 바꾸는 가장 본질적인 비결일 것입니다. 삶이 진부하고 지루한 것은 우리가 사랑을 잃어버렸기 때문입니다. 사실 사랑에 빠진 사람에게 따분함이란 없습니다. 모든 것이 새롭고 모든 것이 신기하며 모든 것이 가슴 벅찬 감동입니다. 사람과의 사랑도 그런데 하물며 하나님이겠습니까? 예측 불가능하고 창조성으로 가득 찬 그분의 곁에 머물다보면 나도 모르는 사이 가슴이 뜨거워지며, 영적 상상력이 춤을 추게 될 것이고, 일상의 진부함은 저만큼 물러나 있을 것입니다. 저는 목사로서 처음 하나님을 믿고 그분과의 사랑에 빠진 사람이나 첫사랑을 회복한 성도들을 종종 봅니다. 솔직히 그들만큼 살아있고 행복한 사람들은 잘 없습니다.

많은 사람들이 하나님을 오해합니다. 그분이 따분하고 진부할 거라고 생각합니다. 그렇지 않습니다. 성경은 하나님이 사랑이라고 말합니다. 하나님은 종교라거나 규칙이라고 말하지 않습니다. 그분은 우리 개개인과 친밀한 사랑의 관계를 맺기 원하십니다. 그래서 예수님을 이 땅에 보내 당신을 위해 십자가에 죽게 하신 것입니다. 하나님의 사랑을 받아들이고 그분의 속삭임을 듣고 그분과 사랑에 빠져보십시오. 그러면 그분과의 사랑은 그야말로 가슴 뛰는 어드벤

처가 될 것이며 심장을 뜨겁게 하는 가슴 벅찬 감동임을 알게 될 것입니다. 그러면 하나님과의 관계를 회복하는 것이야말로 가장 흥미진진한 변화의 추구임을 알게 될 것입니다.

　장맛비가 그동안 많이 목말랐을 대지를 조용히 적시고 있습니다. 제 영혼도 하나님의 은혜의 단비로 흠뻑 젖었으면 좋겠습니다. 저 광활한 하늘의 옷을 갈아입히신 하나님께서 우리 마음과 영혼의 옷도 날마다 갈아입히셔서 이 여름, 일상의 진부함에 넌더리를 내는 주변의 고단한 사람들에게 하늘빛 영감과 신선한 에너지의 공급원이 되게 해 주시기를 소망합니다.

비가 싫으세요?

저는 흐린 날과 비 오는 날을 싫어하지 않습니다. 싫어하지 않는다기보다 좋아한다고 하는 편이 더 정확할지도 모르겠습니다. 물론 그렇다고 어떤 시인처럼 "술보다 더 비에 취한다"는 식의 로맨틱한 비 애호가는 아닙니다. 때로 사오십 대의 다른 많은 '아저씨, 아줌마' 들처럼 비가 오는 날 외출하면서 인상을 쓰기도 하고 불평을 쏟아내기도 합니다. 그러나 대체적으로 저는 비 오거나 구름 낀 날의 분위기를 좋아합니다.

장마철이 지났는데도 무덥고 비 뿌리는 날이 많으니까 짜증내는 사람들이 많은 것 같습니다. 습기 차고 후덥지근하니까 불쾌지수도 오르고 움직이는데 불편하기도 하니 그런 반응이 이해할만 합니다. 그러나 짜증내고 불평한다 해서 날씨가 바뀌는 것도 아니고 오히려 기분만 더 나빠질 따름입니다. 그렇다면 차라리 이런 회색의 날들을 즐기는 것이 어떨까요? 어차피 일 년 중에 이런 날은 그리 많지 않으니 일종의 별식(別食)처럼 생각하는 것입니다. 그것의 부정적인 면보다 긍정적인 면에 초점을 맞추면서 말입니다. 이 세상에는 비를 좋아하거나 비에 취해 정신을 못 차리는 '이상한' 사람들도 있다는 사실을 기억하면 도움이 될지 모르겠습니다.

무언가에 대해 우리가 어떻게 반응하는가는 참으로 중요합니다. 달라스 신학대학원의 총장을 지냈던 척 스윈돌(Chuck Swindoll)은 「더 단단히 잡아라 (Strengthening Your Grip)」라는 자신의 책에서

"더 오래 살면 살수록 인생이란 우리에게 일어나는 일은 10%정도 밖에 안 되고 그 일에 대해 우리가 어떻게 반응하는지가 90%를 차지한다는 것을 더욱 확신하게 되었다"라고 말합니다. 다시 말해 인생은 10%의 사건과 90%의 태도로 이루어진다고 정리할 수 있겠죠. 스윈돌의 강의와 설교를 들으면서 그리고 그분과 한자리에 앉아 대화를 나누기도 하면서 나는 그가 실제로 매우 낙천적이고 긍정적인 태도의 사람이라는 인상을 받았습니다.

사실 살다보면 우리의 삶에는 스스로 어떻게 할 수 없는 많은 일들이 일어납니다. 사고가 생기기도 하고 실패를 하기도 하며 큰 상실을 경험하기도 합니다. 오해를 당하거나 비판을 받기도 하고 어떤 상황에 갇혀 꼼짝달싹도 못하는 경우도 있습니다. 그런 경우 우리가 할 수 있는 가장 중요한 결정은 바로 나의 태도를 선택하는 일입니다. 이미 일어난 일은 어찌 할 수 없다 하더라도 그 일에 대한 나의 반응은 내가 얼마든지 선택할 수 있기 때문입니다.

태도의 중요성을 말할 때 자주 거론되는 19세기의 천재 바이올리니스트 니콜로 파가니니(Niccolo Paganini)의 이야기는 언제 들어도 감동적입니다. 그는 어느 날 연주회장을 꽉 메운 청중들 앞에서 오케스트라와 함께 까다로운 곡을 연주하고 있었습니다. 그러던 중 불행하게도 바이올린의 줄 하나가 툭 하며 끊어져나갑니다. 그는 잠시 양미간을 찌푸렸으나 곧 평정을 찾고는 남아있는 선만으로 연주를 합니다. 놀랍게도 또 다른 줄이 끊어집니다. 두 줄만으로 연주를 하는데 그 가운데 하나가 또 끊어져 나갑니다. 그러나 이 거장은 남아있는 단 한 선을 가지고 끝까지 연주를 마칩니다. 청중은 모두 자리에서 일어나 박수를 치며 이태리 사람들이 그러는 것처럼 정열적으로 "브라보! 브라보!"를 외쳤습니다. 청중의 소리가 잦아들기를 기다리던 파가니니는 그들을 모두 앉게 한 후 자신의 바이올린을 높이 쳐들었습니다. 그리고는 반짝이는 눈과 미소 띤 얼굴로 청중을 보며 외쳤다고 합니다.

"파가니니와 한 줄의 바이올린!"

가끔씩 인생은 우리에게 줄 하나만 달린 바이올린을 내밀 때가 있습니다. 그럴 때 우리는 당황하거나 불평하거나 좌절하거나 분노해서 그 바이올린을 내팽개칠 수 있습니다. 우리는 건설적인 아무 일도 하지 못하고 제대로 된 어떤 성과도 못 내고 자신은 물론 누구에게도 유익을 끼치지 못하며 비관과 원망으로 삶을 낭비할 수 있습니다. 그러나 반대로 우리는 내 인생의 바이올린에 비록 단 한 줄밖에 매달려 있지 않음에도 불구하고 파가니니가 그랬던 것처럼 여전히 그것을 연주하기로 선택할 수 있습니다.

이처럼 태도는 우리가 어떤 삶을 살 것인지를 결정합니다. 리더십의 권위자인 존 맥스웰은 하버드 MBA과정의 필독서로 지정된 자신의 책 「승리자는 포기하지 않는다(The Winning Attitude)」에서 16,000명의 회사간부들을 대상으로 행해진 한 연구결과를 소개하면서 승진하는 사람들은 좋은 태도를 가진 사람들이라는 결론을 내렸습니다. 다시 말한다면 태도는 우리의 성공에도 결정적인 영향을 미친다는 것입니다.

물론 성공에 대한 욕구가 좋은 태도를 가져야 할 우리의 가장 중요한 동기는 아닙니다. 성공여부를 제쳐놓고라도 태도는 우리 삶을 행복하게 만듭니다. 크리스천의 경우엔 인생에 대해 좋은 태도를 가져야 할 가장 중요한 이유요 동기가 또 있습니다. 그것은 온 우주를 다스리며 우리의 삶을 주관하실 뿐 아니라 우리를 극진히 사랑하시는 하나님을 우리가 믿기 때문입니다. 비록 당장 눈앞에 보이는 삶의 모습이 그리 아름답지 못해도 우리는 그것이 선하신 하나님으로부터 왔고 그분의 섭리 하에 모든 것이 합력하여 선을 이룰 줄 알기 때문에 그 아름답지 못한 삶의 사건들에 대해 오히려 아름답게 반응할 수 있는 것입니다. 다윗이 살기등등한 사울왕에게 쫓기며 엔게디의 어두운 굴속에 숨어 찬송시를 지을 수 있었던 것은 그리고 바울과 실라가 빌립보의 감옥 속에서 매 맞아 아직도 붓기가 빠지지 않은 그 입으로 찬송하고 기도할 수 있었던 것은 바로 그러한 믿음 때문이었을 것입니다.

　태도는 우리의 의지와 결단에 달려 있습니다. 그렇지 않다면 "항상 기뻐하라 쉬지 말고 기도하라 범사에 감사하라"와 같은 명령을 하나님께서 우리에게 주지 않으셨을 것입니다. 우리는 어떤 일이 일어나건 간에 기뻐하기로, 기도하기로, 감사하기로 선택할 수 있습니다. 감사하게도 인간은 감정이나 상황의 무조건적인 노예가 되도록 만들어지지 않았습니다. 2차 세계대전 당시 악명 높았던 나치의 유대인 수용소에서 살아남았던 심리학자 빅터 프랭클(Victor Frankl)은 "인간 자유의 마지막은 주어진 상황에서 자신의 태도를 선택하는 것이다"라고 말하기도 했습니다.

저는 결코 적은 나이가 아니고 공부도 어느 정도 했지만 여전히 태도에 대한 레슨을 배우고 있는 학생입니다. 어릴 적 어머니의 병고, 대학입시에 실패한 경험, 청년시절의 방황 등의 부정적 경험과 그리 밝지 않은 본성의 영향 등으로 긍정적이기보다는 부정적인 경향이 많아서 좋은 태도는 자동적으로 제게 오지 않습니다. 그러나 저는 하나님의 도우심을 구하며 계속해서 노력합니다. 척 스윈돌이나 존 맥스웰 같은 태도의 멘토들에게 영감을 공급받으면서 긍정적이고 희망에 찬 태도를 개발하려 합니다. 그것이 저의 인생을 결정할 수 있음을 자신에게 끊임없이 상기시키면서 말입니다.

수년전에 저는 아침에 일어나서 제일 먼저 긍정적인 생각과 말을 하기로 결심한 바 있습니다. 구체적으로 말하자면 하나님의 선하심을 떠올리고 새로운 하루를 맞게 해 주신 하나님의 은혜에 감사하며 그분의 축복을 기대하고자 한 것입니다. 저는 제 아이들도 좋은 태도의 사람이 되기를 무엇보다 원했으므로 아침에 일어나면 먼저 "주님 새 날을 주셔서 감사합니다!"라고 말하기를 가르쳤습니다. 저나 아이들이나 늘 그 일을 잘 하지는 못합니다. 그러나 그런 태도로 살고자 하는 것이 저의 바람이요 결심입니다.

비 오는 날이 싫으세요? 후덥지근한 이 계절이 진저리나십니까? 내일 아침 자리에서 일어나 가장 먼저 "새 날을 주셔서 감사합니다!"라고 고백하지 않으렵니까? 비록 눈앞에 펼쳐진 그 날이 여전히 구름 가득하고 비 내리는 '회색의 날'일지라도 말입니다.

가장 아름다운 가을을 위해

가을입니다. 하늘은 높고 나무들은 빨강과 노랑의 원색으로 옷을 갈아입는 아름다운 계절입니다. 지금은 가을의 문턱을 넘어온 지가 제법 되어서인지 저녁 무렵 바람이 꽤 차갑습니다. 머지않아 저 화려한 단풍 이파리들이 비처럼 우수수 떨어지겠죠? 늦가을의 다소 차가운 바람을 느끼며 낙엽이 이리저리 나뒹구는 거리를 걸으면 한편으론 좀 쓸쓸하고 멜랑꼴리한 느낌에 마음이 아리기도 할 것입니다. 이처럼 다른 계절에서는 볼 수 없는 특별한 색깔과 분위기 때문에 가장 무심한 남자도 가을엔 시심(詩心)을 느낀다고 하죠.

가을에 하면 좋을만한 활동들엔 어떤 것이 있을까요? 점심식사를 한 후 한산한 오솔길 같은 곳을 산책하는 것이 그 중 하나가 될 것입니다. 따뜻한 차 한 잔을 마시면서 가을에 어울리는 음악을 듣는 것도 좋은 선택이 되겠죠? 얼마 전 한 라디오 방송에서 'When I dream'과 같은 분위기 있는 음악을 가을 특집으로 들려주어서 한 30분가량 들었는데 그간 무뎌졌던 감성이 되살아나는 느낌이 들어서 좋았습니다. 가족들과 미술관을 방문해보거나 낮 시간을 이용해 공원으로 나가보는 것도 나쁘지 않을 것입니다. 그러나 무엇보다도 좋은 책을 집어 들고 독서삼매에 빠지는 것이야말로 가을에 가장 어울리는 활동입니다.

만약 제가 그림을 그릴 줄 알거나 사진을 잘 찍는다면 노란 은행나무 밑 벤치에 앉아 호젓이 책을 읽고 있는 사람의 모습을 캔버스나 렌즈에 담을 것입니다. 제목을 뭐로 할 거냐고요? 당연히 '가을'이라는 단어가 들어가겠죠. 그 모습보다 가을의 정취를 더 잘 나타내는 것은 없다고 생각합니다.

책을 읽는 것은, 가을이라는 계절을 떠나서도, 인간이 할 수 있는 일들 가운데 가장 고상한 일의 하나라고 믿습니다. 그것은 우리의 삶을 돌아보게 하며 우리의 미래를 꾸며줍니다. 그것은 우리의 영혼을 살찌우며 우리의 관점을 넓혀줍니다. 그것은 우리로 최고의 스승을 만나 배우도록 돕거나 세계적인 지성과 대화하도록 도와줍니다. 제가 지금 읽고 있는 책 중에 「정의란 무엇인가?」라는 책이 있는데 이 책의 저자 마이클 샌델(Michael Sandel)은 세계적인 정치철학자이자 하버드 대학의 가장 인기 있는 교수 중 한 사람입니다. 책이 아니면 어디서 그의 강의를 그처럼 소상히 들을 수 있었을까요? 그것도 단돈 15,000원에 말입니다.

그러므로 책을 읽는 것은 최고의 투자입니다. 한 권의 책을 읽고서 인생이 변화된 사람이 얼마나 많은지 모릅니다. 리처드 닉슨 미국 대통령의 보좌관이었다가 워터게이트 사건에 연루되었던 찰스 콜슨(Charles Colson)은 C. S. 루이스의 책이 자신의 인생에, 그리고 기독교 신앙으로의 회심에 깊은 영향을 끼쳤다면서 이렇게 설명했습니다.

「순전한 기독교」를 펼쳐든 나는 너무나도 훈련이 잘 되어 있고
명료하고 잠시도 논리성을 놓치지 않는 지성과 대면하게 되었고

이런 사람을 법정에서 만나지 않은 것이 천만다행이라는 생각이 들 뿐이었다. 머지않아 나는 "하나님은 존재하는가?"라는 내 질문에 대해 나의 노란 수첩에 있는 찬성 쪽에만 두 페이지를 가득 메웠다. …그의 말들을 가지고 씨름을 할수록 충격은 더 커졌다. 그동안 내가 별생각 없이 편안하게 받아들였던 것들이 산산조각 나는 느낌이었다. 루이스가 너무 적나라하게 표현했기 때문에 그냥 팽개쳐둘 수가 없었다. 그리스도가 그런 식으로 말을 하고 그런 삶을 살고, 그렇게 죽었다는 것은 그가 하나님 아니면 완전히 미치광이였다는 것이다.

콜슨의 설명에서 볼 수 있듯이 한 권의 책이 한 사람의 영원한 운명을 바꾸는데 결정적인 영향을 미친 것입니다.

책을 읽는 사람은 위대함을 선택한 사람입니다. 책을 읽는 백성도 마찬가지입니다. 선진국들은 그저 경제적으로만 부유한 나라들이 아닙니다. 그들은 독서하는 나라들입니다. 우리가 선진국이 되려면 지금보다 더 많이 읽어야 합니다. 부끄럽게도 우리나라 사람들은 책을 잘 읽지 않습니다. 몇 년 전의 통계이긴 하지만 우리나라 성인의 경우, 독서에 투자하는 돈이 일인당 평균 한 달에 12,000원 정도라고 들었습니다. 지금으로 환산하면 한 15,000원 정도 될까요? 여기에는 신문 값도 포함되었다니 많은 사람들이 한 달에 책 한 권도 채 읽지 않는다는 말입니다. 아는지 모르지만 우리는 OECD 30개국 중 가장 책을 안 읽는 나라입니다. 미국과는 비교도 안 되고 이웃 일본에게도 한참 뒤떨어집니다. 지금 우리에게 가장 필요한 것은 경제성장이 아니라 전국적인 독서운동이라고 생각합니다.

　기독교의 신앙과 영성에도 책읽기의 중요성은 결코 과소평가할 수 없습니다. 사실 기독교는 '책의 종교'입니다. 하나님께서 우리의 구원과 성장을 위해 주신 일차적 도구는 성경이라는 책입니다. 그러나 성경을 읽는 것으로 그리스도인의 독서행위가 끝나는 것은 결코 아닙니다. 역사상 영적 거장들은 거의 대부분 성경뿐 아니라 많은 책을 읽는 그리스도인들이었습니다. 독일 경건주의 운동의 필립 슈페너(Philip Spener), 18세기 영국의 부흥을 이끌어낸 웨슬리(John Wesley), 미국 대각성운동의 조나단 에드워즈(Jonathan Edwards), 19세기 설교의 왕자 스펄전(Charles Spurgeon) 등은 다 엄청난 다독가들이었고 독서를 통해 만들어진 사람들입니다. 심지어 기독교의 가장 위대한 지도자 바울도 디모데후서 4장 13절에서 볼 수 있듯이 성경과 함께 '가죽 종이에 쓴' 다른 책들을 읽는 그리스도인이었습니다. 그는 차가운 로마의 지하 감옥에서 죽음을 눈앞에 두고도 책을 읽기 원했습니다.

　내면세계의 건강한 성장과 영적 부흥을 원하십니까? 책을 읽으십시오. 저는 책을 읽으면서 지적인 만족은 말할 것도 없거니와 가슴이 뜨거워지는 심령의 부흥도 수없이 경험했습니다. 그런 의미에서 책은 '가장 좋은 부흥사'입니다. 교회 역사상 가장 위대한 기독교 부흥운동이 책과 연관되어 있다는 사실은 우연이 아닙니다. 감리교 운동의 창시자인 요한 웨슬리는 자신의 제자들에게 하루에 다섯 시간 이상 책 읽을 것을 권장하면서 이렇게 말했습니다. "우리가 책을 읽지 않으면 우리가 시작하는 일이 한 세대가 지나면 끝나 버릴 것이다." 그는 또 "책을 읽지 않으면 행복을 느끼지 못한다"고 하면서 "책을 읽는 그리스도인이 진리를 아는 그리스도인이다"라고 말하기도 했습니다.

책을 읽으십시오. 바빠서 못 읽는다는 변명을 물리치십시오. 게으르다거나 습관이 되어 있지 않다는 말로 얼버무리지도 말기 바랍니다. 우리에게는 그럴 여유가 없습니다. 책을 읽지 않는다면 너무 많은 것을 잃게 될 것입니다. 우리의 정신은 영양실조에 걸리게 되며 우리의 영혼은 빈핍하게 될 것입니다. 안중근 의사가 "하루라도 책을 읽지 않으면 입안에 가시가 돋는다"라고 했다는데 그건 단순한 수사가 아니라고 생각합니다. 뿐만 아니라 누군가의 말처럼 책을 읽지 않는 순간부터 우리는 늙어가게 될 것입니다.

책을 읽는 일에 투자를 아끼지 말았으면 합니다. 전혜린이라는 수필가는 독일 유학시절 생활비의 반을 책에 투자했다고 하는데 그렇게는 못하더라도 한 달에 한두 권 정도는 책 사는 일에 투자할 수 있으리라고 봅니다. 책을 사서 본인도 읽고, 또 누군가에게 선물도 하고, 도서실에 기증도 한다면 본인은 물론이거니와 많은 사람들의 삶이 풍성해지겠지요. 이 투자야말로 최고의 이익배당을 가져다주는 투자가 될 것이라고 확신합니다.

이 가을, 그러므로 계절에 어울리는 재킷을 걸쳐 입고 동네 서점으로 나가십시오. 이 책 저 책을 살펴보는 기쁨을 맛보며 한껏 여유를 누리십시오. 잔잔히 흐르는 음악과 선택을 기다리는 각양각색의 책들, 그리고 진지한 표정으로 책의 페이지를 넘기는 사람들 사이에서 느긋이 보내는 시간은 그 자체로 즐거움입니다. 그리고는 한 권의 책을 고르십시오. 지성의 지평을 넓혀주거나 가슴을 뛰게 하거나 영혼을 고양시켜줄 좋은 책을 골라야 합니다. 그 책이 당신의 가을을 더 아름답고 풍성하게 만들 것입니다. 화려한 단풍보다도, 최신 가을 패션보다도 당신의 손에 쥐인 그 한 권의 책이 당신의 가을을 아주 특별하게 꾸며줄 것입니다. 그것이야말로 가장 아름다운 당신의 가을을 위한 최고의 투자입니다.

가을의 끝자락에서

벌써 11월입니다. 시월 한 달 내내 교수논문집에 실을 논문을 쓰느라 빨강, 노랑의 강렬한 원색으로 옷 갈아입고 고혹적인 자태를 뽐내는 가을의 모습에 제대로 눈길 한번 주지 못했습니다. 사실 2주전쯤 모임이 있어 설악산 언저리까지 갔었지만 시간에 쫓겨서 절정에 다다랐다는 설악의 그 환상적인 단풍구경도 못하고 그냥 핸들을 꺾어야 했습니다.

오전에 원고를 넘기고 사방에 널브러져있는 책들을 정리한 후 학교 강의와 잡다한 일처리를 마치고 나니 어느덧 태양은 소리 없이 서산을 넘어가고 검푸른 어둠이 나지막한 산자락에 자리한 작은 학교를 송두리째 덮어버렸습니다. 어슬한 가을밤의 한기(寒氣)가 삼면이 다 유리창으로 된 연구실의 틈새를 뚫고 들어옵니다. 서울보단 온도가 보통 3~4도 낮다는 곳이라 추위를 걱정했는데 다행히도 견딜만합니다. 한기가 고통스럽게 느껴지지 않고 오히려 적당한 긴장감을 가져다줘서 기분이 나쁘지 않습니다. 난로를 켜고 있는 것보다는 약간의 차가움을 느끼는 것이 더 좋은 11월 초의 밤입니다.

원고도 넘겼고 수업도 끝이 나서 그런지 어떤 후련함 같은 것을 느낍니다. 학창시절 기말 숙제를 내고난 후에 느끼는 여유로움 비슷한 것 말입니다. 당장 꼭 해야 할 일이 없다는 것의 기쁨을 한껏 누리고 싶네요. 물론 그 여유도 오늘 밤으로 끝나겠지만 말입니다. 내일이 되면 또 강의와 설교준비를 해야 하고 그 외에 예상치 못한

다른 일들을 만나게 되겠지요.

얼마 있지 않아 이 가을도 소리 소문 없이 우리를 떠나게 될 것입니다. 교정의 나무들도 그 현란한 색채의 옷들을 다 벗어버릴 것이고……. 우리는 낯선 모습의 또 다른 세상 앞에서 지나간 가을을 그리워하겠지요. 계절의 오고감은 인생의 훌륭한 선생이라는 생각을 합니다. 삶의 유한함과 덧없음에 대해 그것은 많은 것을 가르쳐줍니다.

젊었을 때는 잘 몰랐는데 인생은 정말 짧은 것 같습니다. 나이가 들수록 더 절절히 그 사실을 느끼게 됩니다. 모세의 표현처럼 우리의 삶은 그야말로 "잠간 자는 것 같으며 아침에 돋는 풀"과 같습니다. 한 번 제대로 펴본 적도 없는데 벌써 지는 꽃이 된 것 같아 약간 억울한 생각도 없지 않습니다. 어쨌든 이렇게 아등바등 살다가 멀지 않은 장래에 이 땅을 떠나게 되겠지요. 나를 아는 사람들도 한 사람씩 이곳을 떠나가게 될 것이고 결국은 내가 이 땅에 생존했다는 사실조차도 완전히 잊혀지고 말 것입니다.

하나님이 계시지 않는다면 삶은 얼마나 허망할까요? 《캔사스 (Kansas)》라는 그룹이 불렀던 노래의 제목처럼 우리 모두는 '바람 속의 먼지 (Dust in the Wind)'에 불과하겠죠. 아름다움, 지식, 쾌락, 명성, 부, 성취와 같은 것들도 그저 잠깐 피었다 지는 꽃보다 나을 게 없을 것입니다. 다 없어지고 지나갈 것인데 미친 듯 그것을 붙잡으려는 노력이 무슨 의미가 있습니까? "이 순간 이곳을 단단히 붙들어라"는 제임스 조이스(James Joyce)의 충고나 "인생은 소중하니 하나 내버림 없이 최대한 취해야 한다"라는 야니(Yannie)의 말도 다 헛소리에 다름 아닙니다. "인생은 짧다. 열심히 놀아라! (Life is short. Play hard)"는 한 스포츠 용품 회사의 광고문구와 다를 게 뭐가 있습니까? 그저 쓴 웃음만 나올 따름이죠. "헛되고 헛되니 모든 것이 헛되도다"라는 전도자의 탄식이 절로 나옵니다.

하나님은 계셔야 합니다. 그래야 이 세상의 모든 것이 의미를 가질 수 있습니다. 영원의 빛 가운데서 볼 때에만 우리의 인생이 참으로 소중하며 그럴 때에만 "이 순간 이 곳을 단단히 붙들어라"는 제임스 조이스의 충고도 의미 있게 들릴 수 있습니다. 그냥 허망하게 사라지고 말 것이 아니라 이 유한한 인생도 영원에 기여할 수 있고 영원으로 이어질 수 있으며 영원한 하나님을 기쁘게 할 수 있다는 확신이 있을 때 우리는 진정으로 그것을 최대한 취하려 할 것입니다.

문득 출근하면서 보았던 죽은 고양이의 모습이 떠오릅니다. 자동차에 치였는지 모르지만 그것은 차가운 아스팔트 위에 힘없이 스러져 있었습니다. 그것과 별 다를 바 없는 덧없는 제 인생에 개입하셔서 영원의 숨결을 불어넣으신 하나님을 찬양합니다. 아무도 눈길한 번 주지 않는 이 땅, 쓸쓸한 들판 위의 '아침에 돋는 풀'에 불과한 저를 영원의 땅에 옮겨 심어 결코 죽지 않고 시들지 않게 하신그 놀라운 은혜에 감격합니다.

이 가을이 아름다운 것은 제게 그런 하나님이 계시기 때문입니다. 영원한 생명과 사랑을 제게 주신 그분의 작품임을 알기에 가을은 더욱 소중하고 의미가 있습니다. 잠깐 있다 떠나갈 하나의 계절에 불과하지만 그것을 통해 저는 저의 영원을 상상하며 소망하게 됩니다. 이 땅에 이런 가을을 지으신 그분은 도대체 얼마나 아름다운 분이실까요? 잠깐 있다 없어질 이 땅에서 그분이 벌이는 '임시 작품전'도 이처럼 놀랍다면 영원세계에서 우리가 보게 될 그분의 진짜 화랑은 얼마나 더 기가 막힐까요?

밤이 깊어갑니다. 이제는 의자 옆에 둔 작은 온풍기를 좀 틀어야 할 것 같습니다. 책상 위에 최근 구입한 책들을 꽂아놓았는데 그 가운데 '허무한 아름다움'이라는 제목의 책이 눈에 들어옵니다. 그렇겠죠. 세상의 모든 아름다움은 결국 허무한 아름다움이겠죠. 거기 하나님이 빠져 있다면 말입니다. 그러나 이 가을이 제게 허무한 아름다움으로 다가오지 않는 것은 그분의 손길이 있기 때문입니다. 좀 늦은 시간이지만 그 책을 좀 읽어보아야겠습니다. 전도서를 주제로 한 책인데 낙엽이 흩어져 있는 가을밤에 어쩐지 어울릴 것 같다는 느낌이 듭니다. 그래요. 아름다운 밤입니다. 결코 허무하지 않은……

뭐하러 그렇게 아름답나?

제가 몸담고 있는 신학교는 산자락에 자리하고 있어서 눈이 오면 마치 동화 속의 세계처럼 아름답습니다. 언젠가 그해 처음으로 눈다운 눈이 내릴 때였습니다. 첫눈이었는데 벼르고 있었다는 듯이 정말 많은 눈이 쏟아져 내렸습니다. 소리 없이 내리던 눈이 마치 마술처럼 온 땅을 하얗게 바꿔버리기까지는 그리 많은 시간이 걸리지 않았습니다. 저는 도서관 2층에 있는 저의 연구실 창문을 통해 대자연의 그 광대하고 황홀한 변신을 감탄하며 지켜보았습니다.

눈앞의 공간을 가득 채우며 축복처럼 쏟아지는 눈을 보다가 전에 읽었던 「두근두근 내 인생」이라는 소설의 한 대목이 생각났습니다. 이 소설에 보면 "아름이"라는 소년이 주인공으로 나오는데 그 아이는 문학적 감수성이 뛰어나고 글도 잘 쓰지만 불행하게도 노인병이라는 희귀병에 걸려 죽어가고 있습니다.

어느 날 노인병으로 인해 시력까지 잃은 아름이가 병원에 입원하게 됩니다. 아들을 간호하기 위해 함께 있던 아름이 엄마가 창밖으로 눈이 온다면서 그 눈 내리는 모습을 묘사해줍니다. 그 말에 아름이는 함박눈, 싸락눈, 만년눈, 소나기눈, 가루눈, 심지어 도둑눈이라는 이름의 눈도 있다면서 현미경으로 찍은 눈 결정(結晶) 모양을 봤냐고 엄마에게 묻습니다. 봤다고 하자 뭐 하러 그게 아름다운지 이상하다고 말합니다. 소설에 기록된 두 모자의 대화입니다.

"그럼 현미경으로 찍은 눈 결정 모양도 봤어요?"

"그럼."

"나는 그게 참 이상했는데."

"뭐가?"

"뭐 하러 그렇게 아름답나."

"⋯⋯⋯⋯⋯"

"어차피 눈에 보이지도 않고 땅에 닿자마자 금방 사라질 텐데."

뭐 하러 그렇게 아름다울까요? 혹시 아름이와 같은 질문을 해본 적이 있나요? 많은 철학자들이 고통의 문제, 또는 악의 문제에 대해 질문을 하는데 사실은 아름다움의 문제에 대해서도 질문을 할 필요가 있습니다. '뭐 하러 그렇게 아름다울까?' 눈송이만이 아닙니다. 사람들이 거의 가지도 보지도 못하는 심해(深海) 속의 장관, 그 누구의 발길도 닿지 않는 곳에 숨겨져 있는 극한 오지의 숱한 아름다움들, 인간의 육안은 말할 것도 없고 심지어 최고의 망원경마저도 벗어나 있는 놀라운 우주, 그 모든 것들은 뭐 하러 그렇게 아름다울까요? 어차피 아무에게도 보이지 않는데 말입니다. 그 질문에 대한 저의 대답은 이렇습니다. 비록 그 아름다움이 우리 눈에는 보이지 않더라도 하나님의 눈에는 보이기 때문입니다. 그리고 그 아름다움이 하나님을 기쁘게 하기 때문입니다.

제 대답은 또 있습니다. 뭐 하러 그렇게 아름다울까요? 최고의 예술가이신 하나님께서 그것을 만드셨기 때문입니다. 하여 아름다움을 '하나님에 대한 단서'라고 말한 팀 켈러의 통찰은 정확합니다. 세상이 아름다움으로 충만하고 그 아름다움에 우리의 가슴이 뛰는 것은 하나님이 계시기 때문입니다. 이제 아름이의 눈 결정 이야기로 다시 돌아갈까요? 그렇습니다. '어차피 눈에 보이지도 않고 땅에 닿자마자 금방 사라질' 그 눈도 하나님의 작품입니다. 몰디브와 아이슬란드를 만드신 분, 고흐와 베토벤을 만드신 그분이 그 작은 눈송이를 만드셨습니다. 그래서 그냥 아름다운 것입니다. 가장 아름다운 마음과 손에서 나왔으니 무조건 아름다울 수밖에 없는 것입니다. 사람 눈에 보이든 말든 아무 상관이 없습니다.

그러고 보니 당신도 나도 하나님의 작품입니다. 해서 우리도 아름다운 존재입니다. 잘 믿어지지가 않나요? 물론 원래 상태보다 좀 망가지긴 했지만 여전히 아름답습니다. 거장 피카소의 모든 작품이 나름의 아름다움을 뽐내듯이 하나님의 작품인 당신도 독특한 아름다움을 보유하고 있습니다. 하나님께서 망가진 부분에 손을 대시면 분명 지금보다 더 아름다워지겠죠. 당신이 허락하면 하나님은 그 작업도 시작하실 겁니다. 어쨌든 당신은 하나님의 인장이 찍혀져 있는 아름다운 존재입니다. 사람 눈에 어떻게 보이든, 또는 누가 보든 말든 그건 사실 아무 상관이 없습니다.

임마누엘, 그 고마운 이름

저희 아들 녀석은 겨울에 태어났습니다. 거기다 혹독한 겨울로 유명한 시카고에서 대학공부를 했습니다. 그래서 겨울이 되면 그 녀석 생각이 더 많이 납니다. 지난 화요일은 마침 그 녀석의 생일이었습니다. 바다 건너에서 혼자 외롭게 생일을 맞을 아들 생각을 하니 마음이 좀 짠했습니다. 우리 부부는 전화를 걸어 생일축하를 해주었지만 아쉬움과 안타까움을 어쩔 수가 없었습니다. 아무리 노력해도 물리적인 거리는 줄일 수 없는 법이니까요. 정말 함께 해주고 싶었지만 그럴 수 없었습니다.

저희 아들 녀석처럼 이 시대를 사는 많은 사람들이 외롭습니다. 문자 그대로 혼자 사는 분들도 적지 않습니다. 독거노인들과 싱글들은 물론이고 가족을 타지에 떠나보낸 기러기 아빠들도 혼자이기는 마찬가지입니다. 설사 그렇지 않다고 해도 우리는 외롭습니다. 가족이 한 집에서 살아도 바쁜 일상 때문에 서로 얼굴도 잘 못 보는 경우가 많습니다. 친밀감을 경험하지 못함은 말할 것도 없습니다. 이런저런 이유로 만나는 사람은 많을지 모르지만 마음을 터놓고 정말 나와 함께 하는 사람은 거의 없는 것이 우리의 현실입니다.

이처럼 외로운 우리에게 겨울은 더욱 춥게 느껴집니다. 바람은 우리의 몸뿐 아니라 마음까지 파고들어 우리를 움츠러들게 합니다. 성탄절의 요란한 장식들과 백화점의 인파들도 도움이 되지 않습니다. 그 가운데서 우리는 '군중속의 고독'을 느낄 따름입니다. "메리 크리스마스!"라는 낯익은 구호가 귀에 들리지만 크리스마스는 전혀 메리(merry)하지 않습니다.

사실 사람들은 혼자서 살 수 없도록 만들어졌습니다. 누군가와 같이 있어야 하고 친밀감을 경험해야 합니다. 친밀한 관계에 대한 갈망은 저명한 기독교 심리학자인 래리 크랩(Larry Crabb)이 지적한 것처럼 의미(significance)에 대한 갈망과 더불어 인간의 가장 깊은 갈망 가운데 하나입니다. 문제는 그 어떤 인간도 이러한 갈망을 완벽하게 채워줄 수 없다는데 있습니다. 왜냐하면 인간은 한계에 갇힌 존재이며 그 많은 한계들 가운데 하나는 바로 시공의 한계입니다. 인간은 누군가와 언제나 함께 할 수 없습니다.

그런 우리를 위해 하나님은 이 크리스마스 시즌에 한 이름을 주셨습니다. 그것은 바로 '임마누엘' 즉, 우리와 '함께 하시는 하나님'이라는 이름입니다. 이 이름은 지금으로부터 2,000여 년 전, 천사가 요셉이라는 청년에게 예수님의 탄생에 대해 예언하면서 밝혀주신 이름입니다. 마태복음 1장 22-23절에 포함된 기록은 이렇습니다. "이 모든 일이 일어난 것은 주님께서 예언자를 시켜서 이르시기를 '보아라 동정녀가 잉태하여 아들을 낳을 것이니 그의 이름은 임마누엘이라고 할 것이다' 하신다는 뜻이다. 임마누엘은 번역하면 하나님이 우리와 함께 계신다는 뜻이다."

이 말이 무슨 뜻일까요? 예수님의 탄생은 바로 하나님께서 우리 인간에게 가까이 다가오신 사건이라는 의미입니다. 예수님의 성육신(成肉身)과 십자가를 통해 하나님과 우리 사이에 있는 담이 허물어졌습니다. 누구든지 하나님께로 직행할 수 있는 새롭고 산 길이 열렸습니다. 예수님 때문에 그 높고 두려운 하나님은 우리와 함께 하시는 하나님이 된 것입니다. 만왕의 왕이신 하나님을 감히 "아빠 아버지"라고 부르며 한없이 친밀한 교제를 할 수 있게 된 것입니다. 우리 안에 계신 성령님은 시간과 공간에 제약을 전혀 받지 않고 그 일을 가능하게 하십니다. 이것은 놀라운 개념입니다. 세상의 그 어떤 종교에서도 이런 일을 말하고 있지는 않습니다.

대학 때 제가 좋아했던 '당신에게 친구가 있습니다 (You've got a friend)'라는 노래가 생각납니다. 제임스 테일러라는 싱어송라이터가 부른 잔잔하고 담백한 포크송인데 가사가 참 따뜻하고 좋습니다.

당신이 지치고 힘들 때
사랑의 돌봄이 필요할 때
어떤 일도 제대로 안 될 때
눈을 감고 날 생각하세요
곧 나는 거기 있을 것입니다.
당신의 가장 어두운 밤을 밝히기 위해

그냥 내 이름만 부르세요
내가 어디에 있든 당신은 압니다
내가 당신에게 뛰어갈 것이라는 걸

당신을 다시 보기 위해 말이죠

겨울, 봄, 여름 또는 가을

당신은 부르기만 하면 됩니다

나는 거기 있을 거예요

당신에겐 친구가 있답니다

세상에 이런 친구가 있을까요? 아마 쉽지 않을 것입니다. 그러나 임마누엘이라는 이름을 가지신 예수님은 그런 친구가 되어주실 수 있습니다. 외롭고 힘들 때 그냥 이름만 불러도 달려와 내 옆에 있어주며 내 어두운 밤을 밝혀주는 그런 존재가 되어주실 것입니다.

외로운가요? 춥고 힘이 듭니까? 임마누엘이라는 이름을 기억하십시오. 아무도 곁에 없다 해도 하나님은 당신 옆에서 당신과 함께 있습니다. 당신의 신음소리를 들으며 당신의 눈물을 보십니다. 아무도 만질 수 없는 당신의 마음을 만지십니다. 돌아가신 저희 외할머니 생각이 납니다. 그분은 젊은 나이에 남편으로부터 버림을 받았습니다. 당시 많은 남자들이 그랬듯 저희 외할아버지가 첩을 들인 것입니다. 할머니의 마음이 얼마나 무너졌을까요? 얼마나 외롭고 아팠을까요? 그러나 임마누엘 하나님이 그 외로운 여인을 찾아가셨습니다. 원래 불교신자였던 저희 할머니는 어느 부흥회에서 이 하나님을 만났습니다. 돌아오는 버스 안에서 외롭고 아픈 자신을 찾아와 함께 해주신 그 하나님이 너무 감사해 덩실덩실 춤을 추셨다고 했습니다. 이분이 저와 당신의 임마누엘 하나님이십니다.

아들의 생인날, 아쉽고 짠한 마음으로 아들과 전화를 끊으며 임마누엘 하나님을 생각했습니다. 그리고 위로를 받았습니다. 비록 부모인 우리는 함께 하지 못하더라도 하나님은 예수 안에서 그 아이와 함께 하실 줄을 믿었기 때문입니다. 다행히 그 녀석도 임마누엘 하나님을 자기 하나님으로 믿고 고백하니 얼마나 감사한지요.

어쩌면 시끌벅적하고 분주한 이 크리스마스 계절에 더욱 외로움을 느낄지도 모를 당신은 이 천년 전, 이 땅에 내려오셨던 이 놀라운 친구의 이름을 부를 필요가 있습니다. 눈을 감고 그분의 이름을 되뇌며 그 이름의 의미를 깊이 묵상해 보십시오. 그분은 임마누엘, 우리와 함께 하시는 하나님이십니다. 이 성탄절에 많은 이름들이 떠돌아다니지만 우리가 붙들어야 할 이름은 바로 이 이름입니다. 다른 모든 이름과는 달리 이 이름만이 사랑으로 우리를 구원하며 우리와 참으로 함께 할 수 있는 분의 이름이기 때문입니다.

자 이제 마음의 눈을 뜨고 주위를 둘러보지 않겠습니까? 당신에겐 제임스 테일러가 꿈꾸며 노래한 그런 친구가 실제로 있답니다. 임마누엘이라는 고마운 이름을 가진…….